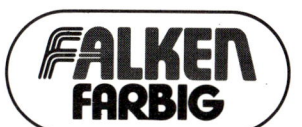

Calle Schmidt

Windsurfing

Lehrbuch für Grundschein und Praxis

Mit Segelsurf-Grundschein, Prüfungsfragen und Antworten

Foto Seite 2:
Sylt-Munkmarsch, die Bucht am Weißen Kliff;
von hier ging das Windsurfing in Europa 1972 aus.

ISBN 3 8068 5028 3

© 1979/1981 by Falken-Verlag GmbH, 6272 Niedernhausen/Ts.
Fotos und Zeichnungen vom Autor
Lithographie: Haußmann Reprotechnik, Darmstadt
Satz: H. G. Gachet & Co., Langen bei Frankfurt am Main
Druck: Stalling AG, Oldenburg

Inhalt

Entwicklung, Technik und Ausrüstung 6

Windsurfing und wie es dazu kam 6
Wer kann Segelsurfen lernen? 7
Die Teile des Gerätes 10
   Ein Segelsurfer ist olympisch 11
   Das Segelbrett 12
   Das Schwert 13
   Das Mastloch 13
   Die Schwanzflosse 13
   Der Mast 15
   Das Gelenk 15
   Der Gabelbaum und die Schoten 16
   Das Segel 17
   Das Surftrapez 17
   Tampen und Knoten 24
Die Kleidung und Sicherheit 28
Der Transport 29
Gesetzeskunde 32
   Naturschutz 32
   Notsignale 33
   Vorsicht beim Üben 33
   Notpaddeln 33
   Flügelpaddeln 33
   Das Notrigg 33
   Das Notgelenk 34
   Abschleppen 34
   Sturmwarnung 34

Seekarte 34
Tidenkalender 35
Lokale Information 35
Informationspflicht 35

Die Theorie des Segelsurfens 35

Der Simulator 35
Die Kurse zum Wind 37
   Anluven und Abfallen, Geradeaus 38
Der ideale Anfängerkurs 40
Die 3 Dimensionen der Segelführung 40
   1. Die Steuerung 41
   2. Die Geschwindigkeit 41
   3. Die Körper/Segel-Balance 41
Die Startvorbereitung (Grundstellung) 43
   Die Handgriffe 43
   Die Körperstellung 43
   Die Fußstellung 43

Die praktischen Übungen 44

Übungen der Bewegungsabläufe 44
   Segel in Luv aufholen 46
Das Anfahrmanöver 48

Die Segelmanöver 50
   Die Wende 50
   Die Halse 52
   Die 3 Notbremsmanöver 54
   Die Checkliste für Anfänger 55

Starkwindtechniken 55

   Das kraftsparende Surfen 55
   Die Technik 55
   Der Fahrstil 56
   Die Seemannschaft 56
Starkwindstürze 57
   Der Kentersturz 57
   Der Schleudersturz 57
Der Manöverkreis 58

Die Scheine 59

DSV-Segelsurfschein 59
Der Segelsurf-Grundschein 59
Fortgeschrittenen Kurse 59

Die Prüfung zum Segelsurf-Grundschein 60

Prüfungsfragen mit Antworten 60
   Praktische Prüfung 60
   Theoretische Prüfung 60

Entwicklung, Technik und Ausrüstung

Windsurfing und wie es dazu kam

Wie bei fast jedem Sport lassen sich auch hier Ansätze, die zur Entwicklung beigetragen haben mögen, in der Geschichte finden. So benutzten z. B. Indios in Südamerika das Jangada-Floß mit einem zum Lateraldruckpunkt verstellbaren Segel. In den letzten zwei Jahrzehnten gab es dann die ersten Segelbrettkonstruktionen, die als Vorreiter des Windsurfing gelten können.

So konstruierte der Amerikaner Newman Darby Anfang der 70er Jahre ein Brett mit einem auf die Spitze gestellten Segel, wie ein Kinderdrachen, das ein Tampen mit dem Brett verband. Der Segler stand noch auf der Leeseite. Darby wußte, daß seine Konstruktion revolutionierend war. Er war jedoch so kauzig, darauf kein Patent anzumelden, sondern schenkte seine Idee der Welt.

Aus Deutschland kam einige Jahre später die Erfindung von Rainer Schwarz aus München. Er konstruierte den Hawaiisegler, wie er ihn nannte, auf dem man erst sitzend, später stehend surfen konnte. Auch das war schnell wieder vergessen.

Die eigentliche Geschichte des Windsurfing beginnt mit den Amerikanern Jim Drake, Fred Payne und Hoyle Schweitzer, wobei letzterer Inhaber des Patentes für den »Windsurfer« ist. Dieses Patent ist jedoch umstritten und auch nur in einigen Ländern angemeldet, in Europa z. B. in Deutschland und Großbritannien bis 1987.

Diese Pioniere des Windsurfing wollten sich ein neues Freizeitvergnügen erschließen. Jim Drake und Fred Payne waren hauptberuflich mit der Entwicklung von neuen Waffensystemen wie X 15 und B 70 beschäftigt. Bei einem privaten Treffen malten sie sich, zusammen mit Hoyle Schweitzer, aus, wie schön es sein müßte, ein Wellenreitbrett mit einem Segel zu bestücken, um so das Brett nicht immer wieder mühsam durch die Brandung zu einem neuen Start zurückpaddeln zu müssen. Und da sie nun beide mit der Erfindung von neuen Techniken und Systemen vertraut waren, suchten sie auch gleich nach Lösungsmöglichkeiten für ihr neues, privates Konstruktionsproblem. Das war um das Jahr 1961. Die »Beach Boys« lösten gerade in den USA eine ungeheure Surfingwelle aus.

Bis 1969 dauerte es dann, bis das Gerät in seiner heutigen Form und Bedienungsweise fertig konstruiert war.

Erst 1971 gelang es Hoyle Schweitzer, die Phase der industriellen Massenherstellung eines leichten, stabilen, formschönen und preiswerten Brettes im Schleudergußverfahren aus Polyäthylen einzuleiten. Jetzt erst konnte sich die Idee des modernen Windsurfing durchsetzen. Nur war die Surfingwelle Anfang der 70er Jahre inzwischen in den USA wieder abgeebbt und die Bretter nur noch um die 2 m lang. Kein Mensch in USA, Australien oder Südafrika wollte noch mit einem 3,65-m-Brett herumlaufen, geschweige surfen, und schon gar nicht segeln.

Jetzt begann ein Phänomen. Surfing, ein Sport, der nur in der Brandungswelle denkbar war, breitete sich in Windeseile als Windsurfing in Europa aus. Dabei spielten 1972 zuerst die winzige Nordseeinsel Sylt und dann ein paar idyllische Alpenseen die Hauptrolle. Das kam so.

Im Winter 1971 suchte ich einen Segelboottyp, den man notfalls unter dem Arm tragen konnte, der surffähig war und mit dem ich meine Segelschule auf Sylt bestücken wollte. Ich fand einen winzigen Bericht über den »Windsurfer« und bestellte nach kurzer Korrespondenz mit Hoyle Schweitzer 2 Testgeräte. Eines davon wollten nach erfolgreichem Test meine Freunde übernehmen. Sie wetteten mit mir, daß ich es nicht schaffen würde, nach 14 Tagen in Hamburg auf der Alster eine Vorführung zu machen. Nach fast zwei Wochen verzweifelter Bemühungen und einigen Ferngesprächen mit Hoyle Schweitzer, erwischte ich zwei Tage vor Ablauf der Wette leichten Wind mit Stärke 2 und es klappte. Ich gewann die Wette, Zeitungen und das Fernsehen berichteten darüber und es hagelte Anfragen.

Der Sommer 1972 brachte stürmisches, unfreundliches Wetter, aber es gelang mir trotzdem, fast 100 Pioniere in Deutschland zu finden und sie mit dem Windsurfer auszu-

rüsten. Das waren fast so viele, wie davon in den USA bis dahin verkauft worden waren.
1973 fand ich 900 neue Anhänger in Deutschland, davon zwei Drittel in Bayern, wo dann in den folgenden Jahren völlig unerwartet unter den Skifahrern ein Surfing-Boom ausbrach und den ganzen Alpenraum erfaßte.
Schon 1973 gründeten die ersten Surfpioniere bei der Europameisterschaft auf Sylt die Klassenvereinigung von Windsurfern im DSV (Deutscher Segler-Verband). Durch Gerhard Falk, den ersten Schulpräsidenten, wurde der DSV-Segelsurfschein geschaffen.

Als praktische Prüfung wurde der Segelsurf-Grundschein zugeordnet.
Die Windsurfing-Schulen haben die Aufgabe übernommen, jedes Jahr viele Tausende von neuen, begeisterten Windsurfing-Sportlern auszubilden und so dem Sport ein sicheres Fundament für die Zukunft zu geben. Wir werden in den nächsten Jahren nicht nur seine explosionsartige Verbreitung erleben, sondern darüber hinaus eine Reihe neuer Techniken erfahren, die diesen Sport noch interessanter, schöner und abwechslungsreicher machen.

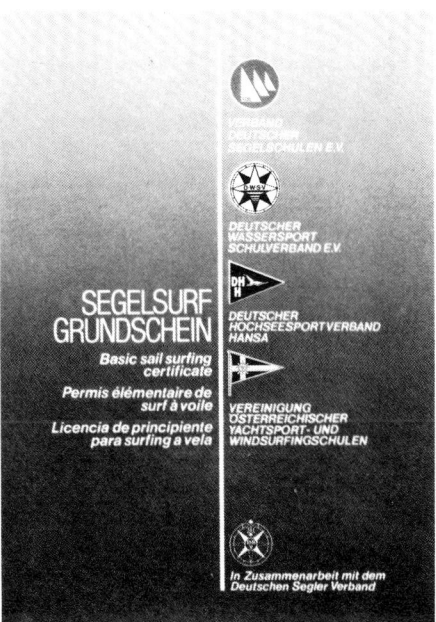

Wer kann Segelsurfen lernen?

Bei meinem ersten Besuch der Surferszene in den USA sah ich, daß dort die ganze Familie windsurfen konnte. Der Knirps mit 9 Jahren wie seine Brüder und Schwestern und natürlich die Eltern, die das Brett ursprünglich für sich angeschafft hatten. Inzwischen ist Windsurfing auch in Deutschland zum Breiten- und Familiensport geworden. Die Knirpse von damals sind Meister auf dem Brett, manche davon berühmte Regattasurfer. Das wird sich so auch an Elbe und Ammersee wiederholen.
Nach oben ist altersmäßig auch keine Grenze gesetzt, solange das Schwimmen Spaß macht. Schüler von 65 und mehr Jahren sind keine Seltenheit mehr, und selbst Korpulente haben bei Starkwind Trapezvorteile. Mädchen und Frauen lernen die Anfangsgründe des Windsurfing nach der Erfahrung aller Schulen sogar schneller.
Was sind nun die Hauptanforderungen oder Vorkenntnisse in Prozentzahlen zueinander ausgedrückt:

Anfänger		Regatta-surfer
20%	Gleichgewichtssinn	10%
20%	Geschicklichkeit	10%
20%	Segelkenntnisse	30%
20%	körperliche Kraft	10%
	Training und Übung	40%

Wenn Sie auf Regatten herumfragen, werden Sie erfahren, daß fast die Hälfte aller Teilnehmer gar nicht oder nur selten gesegelt hat und auch sonst vorher sportlich kaum hervorgetreten ist. Sie sehen, daß die Anforderungen sehr gleichmäßig verteilt sind. Der Instruktor in der Windsurfing-Schule hat da-

mit die Möglichkeit, die bei jedem Schüler auftretenden Lücken schnell zu füllen und auszugleichen.

Der hohe Anteil des Trainings, anstelle von Kraftaufwand bei Fortgeschrittenen, besonders bei Regattasurfern, beweist, daß man Windsurfen am besten durch Windsurfen trainiert. Wer sich außerdem trimmen will, dem sind hauptsächlich regelmäßige Laufübungen, besonders Wald- oder Geländelauf, verbunden mit Gymnastik der Arm-, Schulter- und Beinmuskulatur zu empfehlen, aber auch Übungen zur Stärkung der Hand und Fingermuskulatur.

Wie schnell kann man windsurfen lernen? Das ist Begabungssache, und man kann es niemanden von der Nasenspitze ablesen. Von zehn Schülern brauchen jedoch bei normalen Windverhältnissen nur drei die vorgesehenen zehn Stunden des Kurses zu überziehen.

Der zweimalige Weltmeister Robby Naish aus Hawaii ist gerade dabei, mit 12 Jahren seine erste Weltmeisterschaft in Nassau, Bahamas, zu gewinnen. Er reichte damals kaum an den Gabelbaum.

Die jungen Damen, es sind Regattateilnehmerinnen, ruhen sich in einer Pause auf ihren Brettern aus. Da das Segel als Treibanker wirkt, lassen sich auch beim Üben regelmäßig Ruhepausen einlegen. Damit wird das Üben erleichtert.

Unten rechts nochmals Robby Naish bei Starkwind von 4–5 Beaufort. Er zeigt damit, daß Gewichtsvorteile durch Geschicklichkeit ausgeglichen werden können.

Die Teile des Gerätes

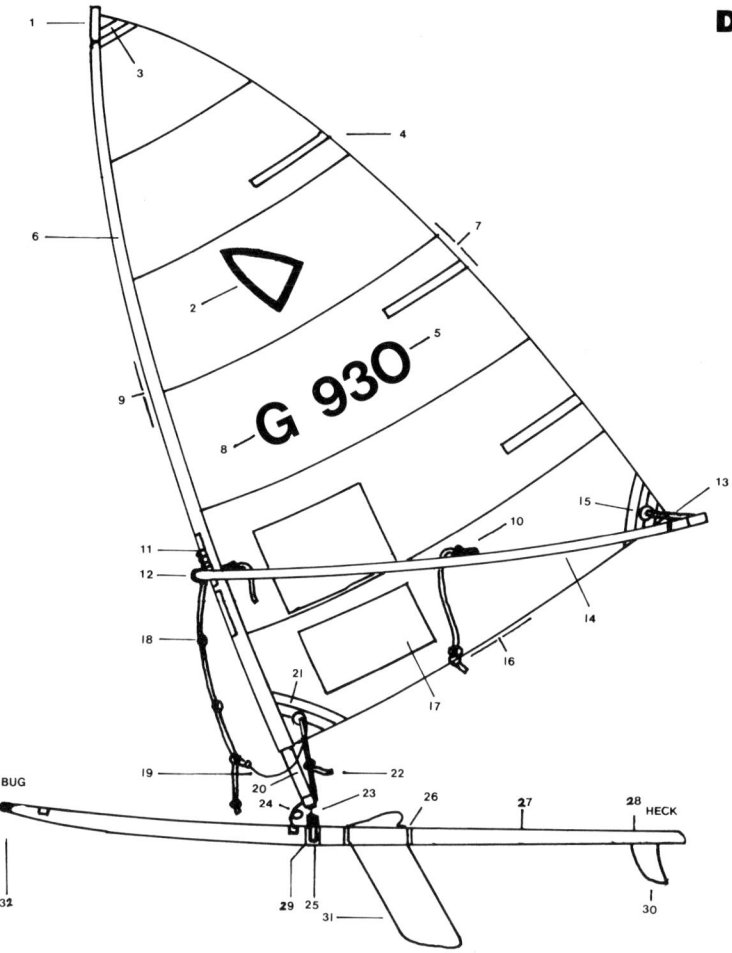

1 Mastspitze
2 Segelzeichen
3 Segelkopf
4 Spreizlatte mit Lattentasche
5 Segelnummer
6 Masttasche
7 Achterliek
8 Nationalitätenkennzeichen
9 Vorliek
10 Belegklemme
11 Masttampen
12 Stoßdämpfer
13 Trimmschot
14 Gabelbaum
15 Schothorn
16 Unterliek
17 Segelfenster
18 Startschot
19 Gummileine
20 Mast
21 Segelhals
22 Vorliekstrecker
23 Universalgelenk
24 Sicherheitsleine
25 Mastfuß
26 Schwertkasten
27 Board
28 Heck
29 Mastfußaussparung
30 Finne – Flosse
31 Schwert
32 Bugspitze

Ein Segelsurfer ist olympisch

Fügt man dem Brett mit Schwert und Finne das Rigg, nämlich das Segel, den Mast, den Gabelbaum und Mastfuß mit Gelenk hinzu, hat man den kompletten Segelsurfer. Die Einfachheit der Konstruktion sowie die Leichtigkeit, den Sport überall in Schulen zu lernen und auf der kleinsten Wasserfläche auszuüben, und zuletzt der unkomplizierte Transport haben einen weltweiten Boom ausgelöst.

Aus kleinsten regionalen Anfängen hat sich eine internationale Regattaszene entwickelt, die mit Tausenden von Veranstaltungen die Welt umfaßt. Vier große internationale Segelbrettklassen haben sich die Anerkennung der IYRU (International Yacht Racing Union) erworben: der Windsurfer, der Mistral, der Windglider und die offene Klasse. Sensationell ist, daß schon 1984 in Los Angeles der Windglider als olympische Klasse das Surfen überhaupt zur olympischen Disziplin werden läßt.

Auf den ersten Blick unterscheiden sich alle Marken durch das Klassenzeichen voneinander. Da die technische Entwicklung im Surfsport von Jahr zu Jahr voranbraust, kann ein Lehrbuch diese nicht erfassen. Inzwischen gibt es in Europa über 300 Fabrikate, so daß man sagen kann: Wer die Wahl hat, hat die Qual.

Der olympische Windglider in der Regatta.

Das Segelbrett

Es wird auch kurz Brett oder Board genannt und hat die gleiche Aufgabe wie der Bootskörper eines Segelbootes. Nur muß die Standfläche rauh genug sein, um den Füßen Halt zu geben, aber nicht so rauh, daß man sich verletzen kann.

Ein Board muß immer voll ausgeschäumt sein, um 100%ige Sicherheit auf dem Wasser bei Notfällen zu garantieren. Die eine Hälfte aller Bretter ist aus dem Kunststoff Polyäthylen. Diesen Kunststoff kann man nicht selbst reparieren, sondern muß bei einer Reparatur eine Spezialwerkstatt aufsuchen. Dafür hat man eine rutschfeste Standfläche und eine beachtliche Stoßfestigkeit der Außenhaut. Für dieses Verfahren sind hohe Stückzahlen Bedingung.

Die andere Hälfte der Bretter ist aus dem im Bootsbau bewährten Polyester mit dem Vorteil kleiner und kleinster Auflagen, sie sind immer von Hand gefertigt und auch für den Selbstbau geeignet. Bei Polyesterbrettern muß die Oberfläche regelmäßig mit einem Spezial-Surfwachs bearbeitet werden, was dann optimale Haftung ergibt.

Vorsicht bei der Reinigung aller Bretter mit fetthaltigen Reinigungsmitteln! Äußerste Rutschgefahr!

Beschädigungen lassen sich relativ leicht im Do-it-yourself-Verfahren reparieren. Man kann sogar die Oberfläche von Zeit zu Zeit erneuern.

Ein wichtiges Auswahlkriterium ist das Gewicht des Brettes. 18 kg ist die Grenze nach unten und 23 kg die Grenze nach oben.

320 / 75   380 / 65   380 / 65   450 / 55

Brandungsbretter
Sie sind kurz, breit und im Bug stark aufgebogen, um das Unterschneiden in der Welle zu vermeiden. Die Fußschlaufen sind wichtig, um beim Wellenspringen den Fußkontakt mit dem Brett nicht zu verlieren und dieses noch in der Luft manövrieren zu können.
Die Breite ist 68–75 cm, die Länge 300–350 cm.
Oft haben Brandungsbretter zwei Finnen, manchmal sogar zwei Schwerter, damit sie trotz ihrer großen Wendigkeit eine ausreichende Richtungs- bzw. Seitenstabilität erhalten. Sie sind leicht, etwa 15 kg, und meist im Selbstbau mit Polyester um einen Schaumkern gewickelt.

Allroundbretter
90% aller Bretter sind hier einzuordnen, auch die Regattabretter. Für den Anfänger ist es wichtig, daß er auf einem »gutmütigen« Brett beginnt.
Gutmütige Eigenschaften sind:
a) eckige Außenkanten, diese geben eine hohe Seitenstabilität im Wasser und eine gute Geradeausführung – leider auf Kosten der Wendigkeit;
b) abgerundete Bretter sind wendiger und für jeden, der es einigermaßen gelernt hat, problemlos zu fahren;
c) aufgekielte Boards sind schneller, aber wackeliger und für den Durchschnittssurfer schon problematisch. Außerdem sind sie nicht so gleitfreudig. Der Hauptvorteil ist der spitze Winkel zum Wind beim Kreuzen gegen den Wind.
Die Länge eines Brettes, kombiniert mit der Breite ergibt den Auftrieb. Je mehr Gewicht

Sie auf die Waage bringen, desto mehr Volumen muß Ihr Brett haben.
Das letzte Kriterium ist der Kielsprung und damit die Wasserlinie. In Flachwasserrevieren, bei meist leichten Winden, bevorzugt man eine gestreckte Form mit einer langen Wasserlinie und einem schmalen Heck. Am Meer, in Wellen und bei guten Gleitbedingungen im Starkwind, wird das aufgebogene Brett mit kurzer Wasserlinie und breitem, scharfkantigem Heck gefahren.

Hochgeschwindigkeitsbretter
Hier gilt auch die alte Seglerweisheit: »Länge läuft«. Bei einer Breite von 45–55 cm und einer Länge um 4,50 m sind diese Bretter bei flachem Wasser unschlagbar. Besonders bei Starkwind ist der Reibungswiderstand geringer und damit der Segeldruck viel länger zu halten. Diese Bretter sind jedoch so wakkelig und schwer zu wenden, daß man sich als Experte bezeichnen kann, wenn man sie beherrscht.

Das Schwert

Das Schwert dient der Seitenstabilität und verhindert damit das seitliche Abtreiben des Brettes. Das Material ist Kunststoff oder seewasserfestes Sperrholz oder Mahagoni. Je besser das Profil, desto schneller kann man surfen, und je länger das Schwert, desto mehr Wirkung hat es.
Man unterscheidet außerdem noch Steckschwerter bei den preiswerten Geräten und

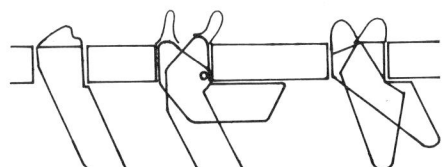

Klappschwerter mit variablem Tiefgang bei den teuren Modellen. Kippschwerter können zum Brandungs- und Starkwindsurfen nachgekauft oder selbst gebastelt werden. Sie haben eine kleinere Oberfläche und geringeren Tiefgang.

Das Mastloch

Die Stellung des Mastloches im Brett ist für den Trimm wichtig. Die Luv- oder Leegierigkeit kann durch Vor- oder Zurücksetzen des Mastes ausgeglichen werden. Deshalb haben gute Bretter 2 oder mehr Mastlöcher. Wichtig ist auch beim Starkwindsurfen eine Befestigungsmöglichkeit für das Rigg in der Nähe der Mastlöcher.

Die Schwanzflosse

Sie wird auch Finne oder Stabilisierungsflosse genannt. Die Schwanzflosse ist für die Richtungsstabilität verantwortlich. Je kürzer die Flosse, desto wendiger ist das Brett. Aber es ist dann schwierig auf Kurs zu halten, und die Armmuskeln ermüden schnell. Also nur bei Leichtwind zu empfehlen.
Beim Brandungssurfen und in flachem Wasser empfiehlt sich eine einklappbare Flosse mit Rückholmechanismus, eine flache Ersatzflosse oder flache Doppelflossen.

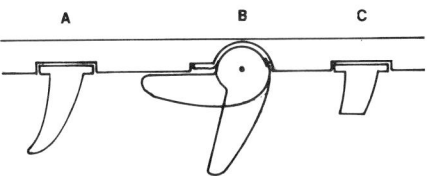

Der Mast

Die Länge der Masten beträgt zwischen 4,3 und 4,5 m. Als Material ist Aluminium preiswerter und biegefester als Kunststoff. Deshalb verwendet man Alu bei hartem Wind, um die Form des Segels länger zu bewahren und es flach zu halten.

Kunststoffmasten sind aus Polyestermatten gewickelt, konisch und können mit jeder gewünschten Biegeeigenschaft versehen werden. Nur – je steifer sie sind, desto schwerer werden sie durch mehr Materialaufwand. Sie sind für leichten bis mäßigen Wind weitaus besser als Alumasten und in der Brandung wegen ihrer besseren Biegeeigenschaften geeigneter.

Der Kunststoffmast hat eine 20 cm lange Holzspitze oder eine Kunststoffkappe, die wie ein Sektkorken aussieht. Wenn ein besonders kleiner und ein besonders großer Surfer sich in der Benutzung des Brettes abwechseln, kann durch Austausch der Mastspitze eine ideale Anpassung der Gabelbaumhöhe auf die Körpergröße erfolgen.

Alumasten sind meist von 450 cm um 50 cm auf 400 cm teilbar, um beim Versand im gleichen Karton wie das Brett verpackt werden zu können. Sie müssen immer ausgeschäumt sein, was man auch bei Kunststoffmasten verlangen sollte. Denn inzwischen liegen schon unzählige Riggs auf dem Meeresgrund, weil man darauf nicht geachtet hat.

Auf Regatten entscheidet auch die Abstimmung von Mast und Segel über die vorderen Plätze.

Das Gelenk

So wie Newmann Darby einen Tampen verwendete, gebrauchte Hoyle Schweitzer ein Kardangelenk, das aber aus unzähligen Einzelteilen bestand und nicht funktionssicher war. Heute hat sich eine flexible Gummiverbindung durchgesetzt, die vor Verletzungen schützt und leicht auswechselbar ist. In Zukunft wird es aber auch andere Sicherheitsmastfüße sowie verstellbare und trimmbare Konstruktionen auf dem Markt geben.

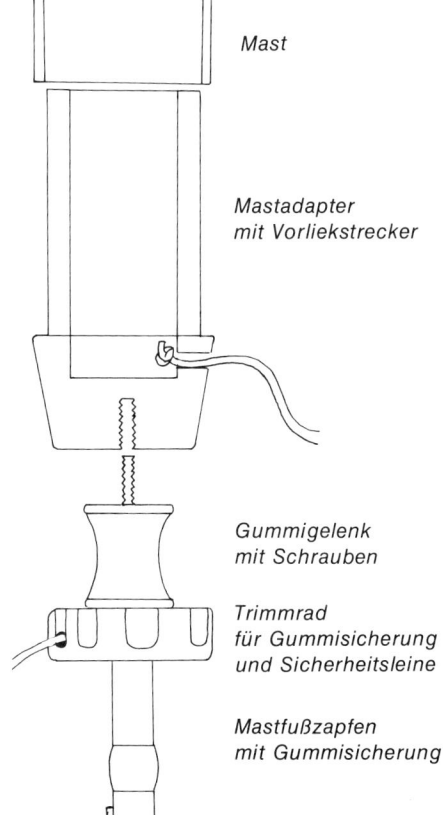

Mast

Mastadapter mit Vorliekstrecker

Gummigelenk mit Schrauben

Trimmrad für Gummisicherung und Sicherheitsleine

Mastfußzapfen mit Gummisicherung

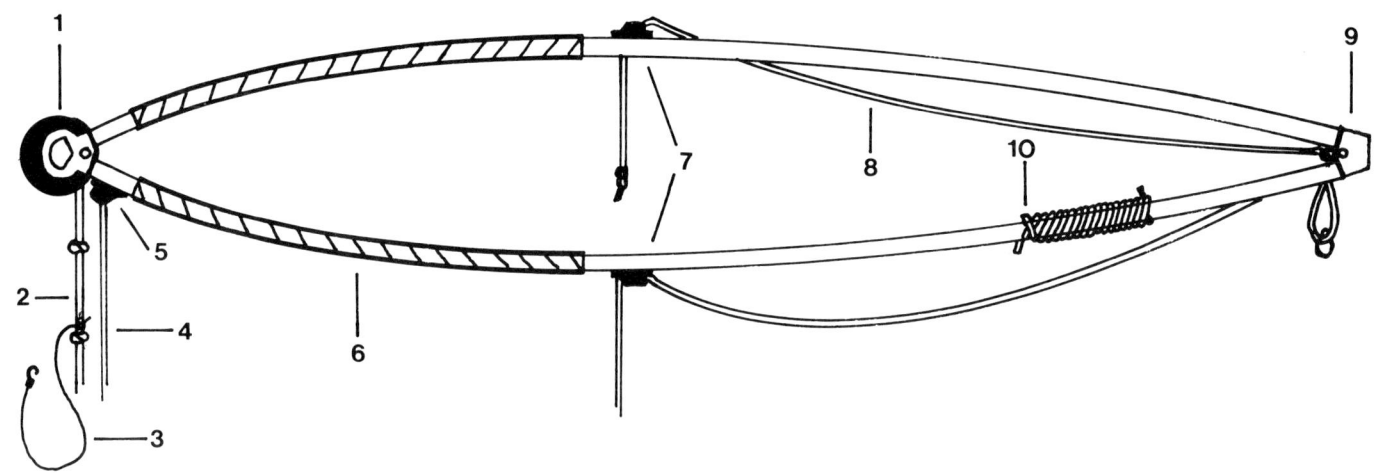

Der Gabelbaum und die Schoten

Die Schiffbauer kennen ihn als Spreizgaffel schon seit drei Jahrhunderten, aber seinen eigentlichen Siegeszug tritt der Gabelbaum jetzt auf den Segelbrettern an. Er spannt das Segel und ist zugleich Steuerknüppel für den Surfer.

Aus verleimtem Mahagoni gebaut, ist er zwar griffig, aber doch sehr schwer. Deshalb setzte sich der leichte Alugabelbaum durch. Besonders auch deshalb, weil es inzwischen vielfältige, praktische Beschichtungsmöglichkeiten mit Gummi oder Textilbändern gibt.

Auch der Gabelbaum muß ausgeschäumt und damit unsinkbar sein. Die Länge beträgt um 2,50 m, der Durchmesser etwa 50 cm.

Die Teile (siehe Zeichnung)
1 Stoßdämpfer mit Griff und Kopfbeschlag.
2 Startschot von etwa 180 cm mit
3 Gummiband von 50 cm und Haken.
4 Masttampen, etwa 110 cm.
5 Klemme für Masttampen.
6 Beschichtung im Griffbereich.
7 Klemmen für Trimmschot.
8 Trimmschot, etwa 300 cm.
9 Endbeschlag mit zusätzlichen Rollen.
10 Reservetampen, etwa 200 cm.

Der Stoßdämpfer in der Form eines Gummipuffers ist unerläßlich, um das Brett vor dem mit voller Wucht auftreffenden Gabelbaum zu schützen.

Der Masttampen wird neuerdings durch verschiedene Schnellkupplungen ersetzt, die eine feste Verbindung von Kopfbeschlag und Mast herstellen.

Für Anfänger ist die feste Verbindung sehr wichtig, damit das Segel nicht zu bauchig wird.

Die Trimmschot ist zum Strammziehen des Segels zum Gabelbaumende da. Um sie auf beiden Seiten bedienen zu können, werden zwei Klemmen benötigt. Beim Kauf sollte man auf dieses Detail achten.

Das Segel

Je schneller ein Segelfahrzeug ist, desto mehr hängt von der Qualität des Segels ab. Windsurfer gehören zu den schnellsten Segelgeräten – sie halten den Weltrekord der Klasse bis 10 m² –, und somit ist das Segel der wichtigste Bestandteil, um das Fahrzeug auf Höchstgeschwindigkeit zu bringen.
Es gibt zwei grundsätzliche Trimm-Möglichkeiten für das Segel:

Das Segelprofil
Das Segelprofil baut der Segelmacher nach seinen Schablonen in das Segel ein. Die Ausrechnung des Profils geschieht oft schon mit Computerhilfe.
Jeder gute Segelmacher kann ein Segel so zuschneiden, daß es für
a) leichte Winde bauchig,
b) mittlere Winde zwischen bauchig und flach,
c) starken Wind flach zugeschnitten ist.
Wenn Sie mehrere Segel haben, lassen Sie für Regatten stets die gleiche Nummer einkleben, damit Sie jedes Segel kurzfristig verwenden können.

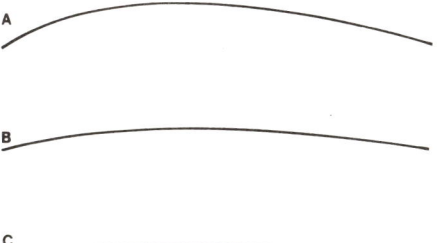

Der Segeltrimm
Dafür sind Sie selbst zuständig, und es gibt auch gleich vier Möglichkeiten:
1. Kurz vor dem Start stellen Sie das Segel am Strand auf. Mit der Trimmschot stellen Sie den von Ihnen gewünschten Segelbauch ein, so daß keine Falten im Segel auftreten.
2. Eine zweite Trimm-Möglichkeit ist durch den Vorliekstrecker am Mastfuß gegeben. Das hat Auswirkungen auf den Stand des Segelbauches in seiner Entfernung zum Mast hin.
Bei leichtem Wind loses Vorliek, der Bauch wandert zum Mast hin, das Vortriebsvolumen wird vergrößert.
Bei starkem Wind bewirkt das festgezogene Vorliek, daß der Bauch nach hinten wandert und das Segel insgesamt flacher wird, also der Druck im Segel vermindert wird.
3. Seltener, nur bei sehr guten Regattafahrern, wird auch der Masttampen zum Trimmen benutzt. Damit kann durch Verstellen der Mastbiegekurve der Bauch im Vorliekbereich besonders bei leichten Winden etwas vertieft oder auf Vorwindkursen ein Spinnakereffekt erzielt werden.
4. Wie bereits im Kapitel »Mast« betont, ist die Auswahl des passenden Mastes zum Segel trimmentscheidend. Ein harter Mast gehört auf ein flaches Segel und ein weicher Mast auf ein bauchiges.
Besonders wenn nur ein leichter Windhauch weht, verwandelt ein ganz weicher Mast den Windhauch, wie mit einem Flügelschlag, zu Vortrieb.

Das Surftrapez

Mit der Einführung des Hawaii-Trapezes wurde das »kraftsparende Surfen« geboren. Aber auch die Technik der Segelführung hat sich mit dem Trapez verändert. Der Mastfuß wird vorgesetzt, der Gabelbaum höher angeschlagen, und Fußschlaufen sichern eine perfektere Kraftübertragung und Fußsteuerung. Die Trapezleine ist 5 mm stark und 120–150 cm lang.

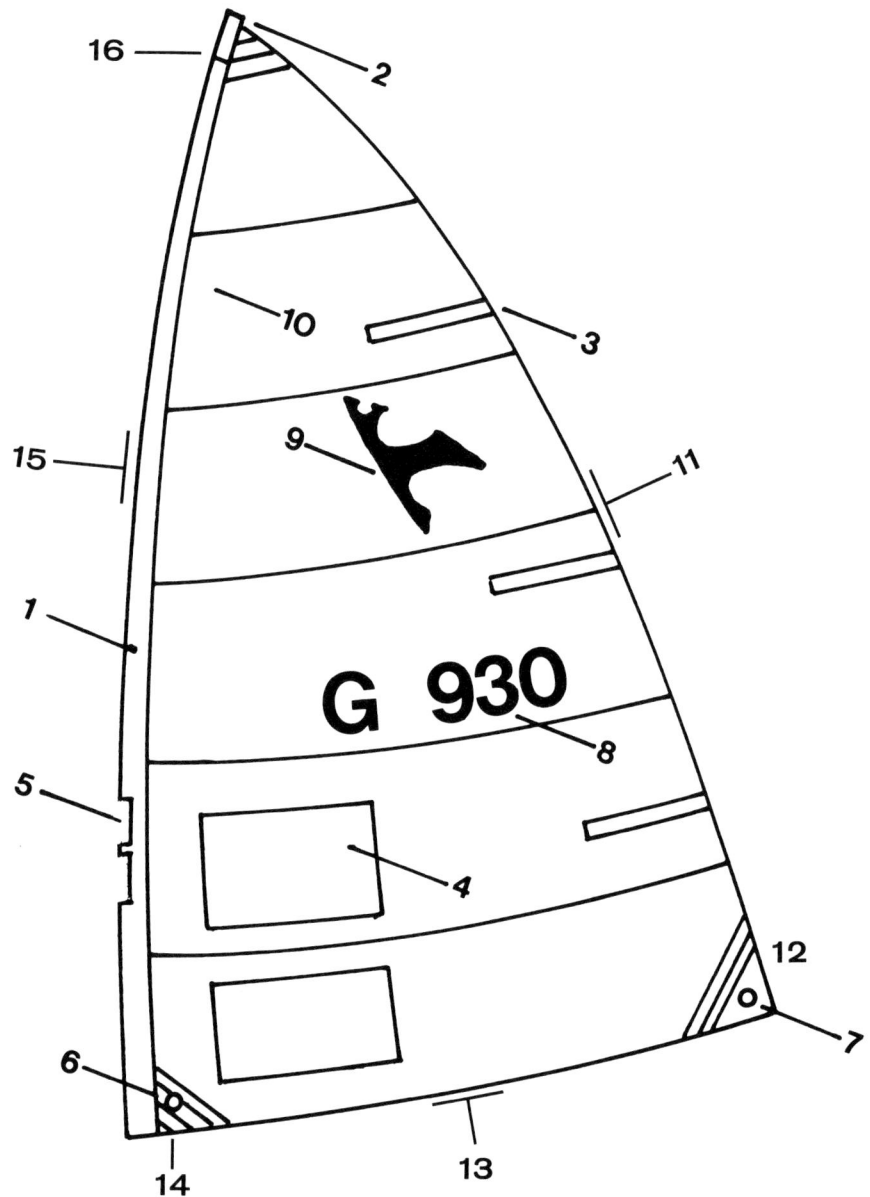

Die Bestandteile des Segels

Die Masttasche gibt dem Segel ein besseres Anströmprofil, hat aber den Nachteil, voll Wasser zu laufen und damit das Hochholen aus dem Wasser zu erschweren.

Die Segelspitze sollte besonders verstärkt werden, um nicht zu schnell durchzuscheuern. Die Segellatten sind aus Polyester, können nachgeschliffen werden und sollten so in den Lattentaschen befestigt sein, daß sie nicht während des Segelns herausfallen.

Die Segelfenster sollten auf allen Kursen genügend Sicht bieten.

Der Masttampenausschnitt in der Masttasche sollte 30–40 cm lang sein, um den Größenunterschied der Surfer von 145–185 cm in der Gabelbaumhöhe auszugleichen, ohne daß man gleich Segel oder Mast austauschen muß.

Die Ösen im Segelhals und Schothorn müssen sorgfältig verstärkt sein.

Über Segelzeichen und Nummer hat jede Klasse ihre eigenen Vorschriften. Als Tuchgewicht für Segelsurfer hat sich 165 g/m² durchgesetzt, da hier besonders viele Farben zur Verfügung stehen. Die Tuche sind gewachst, damit das Wasser schnell herausperlt.

1	Masttasche	11	Achterliek
2	Segelspitze	12	Schothorn
3	Lattentaschen	13	Unterliek
4	Segelfenster	14	Segelhals
5	Masttaschenausschnitt	15	Vorliek
6	Segelhalsöse	16	Segelkopf
7	Schothornöse		
8	Segelnummer		
9	Segelzeichen		
10	Segelbahnen		

Die Segelgrößen
Während sich die Pioniere des Windsurfing mit den 6-m²-Originalsegeln auch bei Starkwind beim Lernen abplagen mußten, kann der Anfänger heute unter vier Übungssegeln auswählen, bis er sich an das Originalsegel heranwagt. Das kleinste davon hat weniger als 3 m².

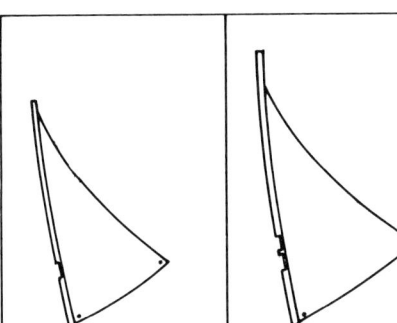 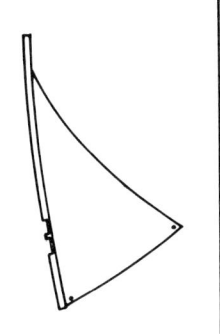 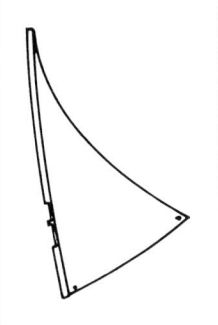 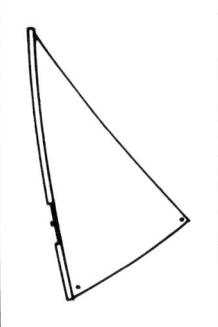 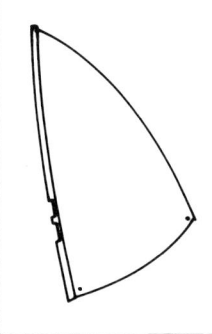 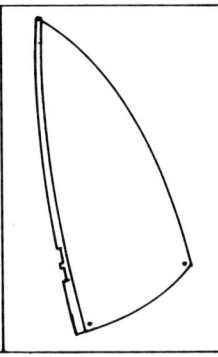

2,4 m²
Ein Kindersegel mit verkürztem Mast und verkürztem Gabelbaum

2,8 m²
Sturm- und Übungssegel mit normalem Mast und Gabelbaum, mit niedrigem Druckpunkt besonders für Frauen und Kinder geeignet.

3,2 m²
Sturm- und Übungssegel für Normalausrüstung mit hohlem Achterliek. Für böigen Wind.

3,8–4,5 m²
Allroundsegel zum Üben für Wind 3–5. Wird auch als Erstausstattung empfohlen.

5,8–6,8 m²
Original oder Regattasegel.

8 oder 9 m²
Leichtwindsegel mit Mastverlängerung. Für extreme Leichtwindverhältnisse.

Segelpflege
Das Segelmaterial ist pflegeleicht und kann in einer sehr milden Seifenlauge in lauwarmem Wasser in der Badewanne gewaschen werden. Öl- und Teerflecke lassen sich mit Entferner herauslösen. Die Kleberückstände der Segelnummern verschwinden mit Pattex-Entferner.
Die Segel müssen vor dem Zusammenrollen oder -falten trocken sein. Falten Sie immer im Zickzack.
Bitte achten Sie beim Segeltrocknen darauf, daß Sie mit dem flatternden Segel niemanden stören oder fremde Zäune, Hecken, Gärten usw. benutzen. Übrigens gibt es einen einfachen Trick, das Segel mit Mast und Gabelbaum zu falten, und man kann dabei sogar die Segellatten stecken lassen. Sie brauchen nur noch die Mast-Segel-Tasche darüber zu stülpen und Sie haben ein handliches Paket.

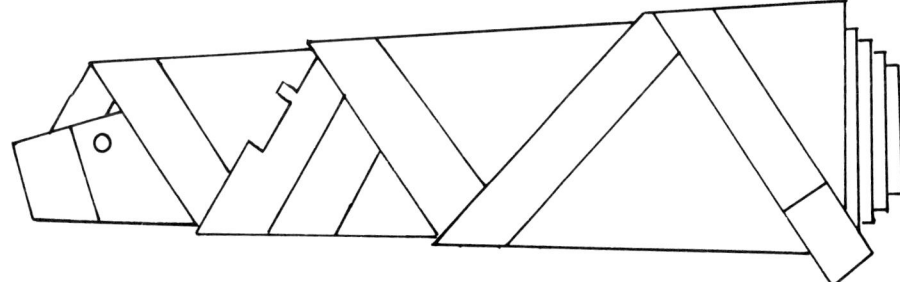

Segelfalten mit Mast und Gabelbaum.

1 Das trockene Segel mit dem Schothorn zum Mast legen.
2 Noch einmal zum Mast falten. Jetzt liegen die beiden unteren Latten parallel mit dem Mast.
3 Das Segel kann eingerollt werden und die Mast-Segel-Tasche wird aufgezogen. (Hier nicht im Bild.) Der Gabelbaum wird zur Mastspitze geklappt und das

eingerollte Segel mit der Trimmschot festgezurrt;
4 ebenso mit dem Masttampen.

5 Das Rigg, als handliches Paket verschnürt, kann in der Hand, unterm Arm oder über der Schulter getragen werden oder wird auf dem Autodach befestigt.

Takeltips

1. Rehmstek für Masttampen

In den ersten Jahren wurde der Webleinenstek, dann der Stopperstek und nun der Rehmstek (Erfinder Wolfgang Rehm, Nürnberg) gebraucht. Er sitzt »bombenfest«, läßt sich aber leichter lösen als seine Vorgänger.

2. Stopperstek

Er hat die Eigenschaft, schon nach kurzer Zeit »bombenfest« zu sitzen, und er läßt sich dann entsprechend schwer lösen.

3. Startschot und Gummiband

Fünf Knoten erleichtern das Hochholen des Segels Griff über Griff mit der Starkschot. Ein Gummi mit Kunststoffhaken, am vorletzten Knoten befestigt, hilft beim Auffischen der Startschot aus dem Wasser.

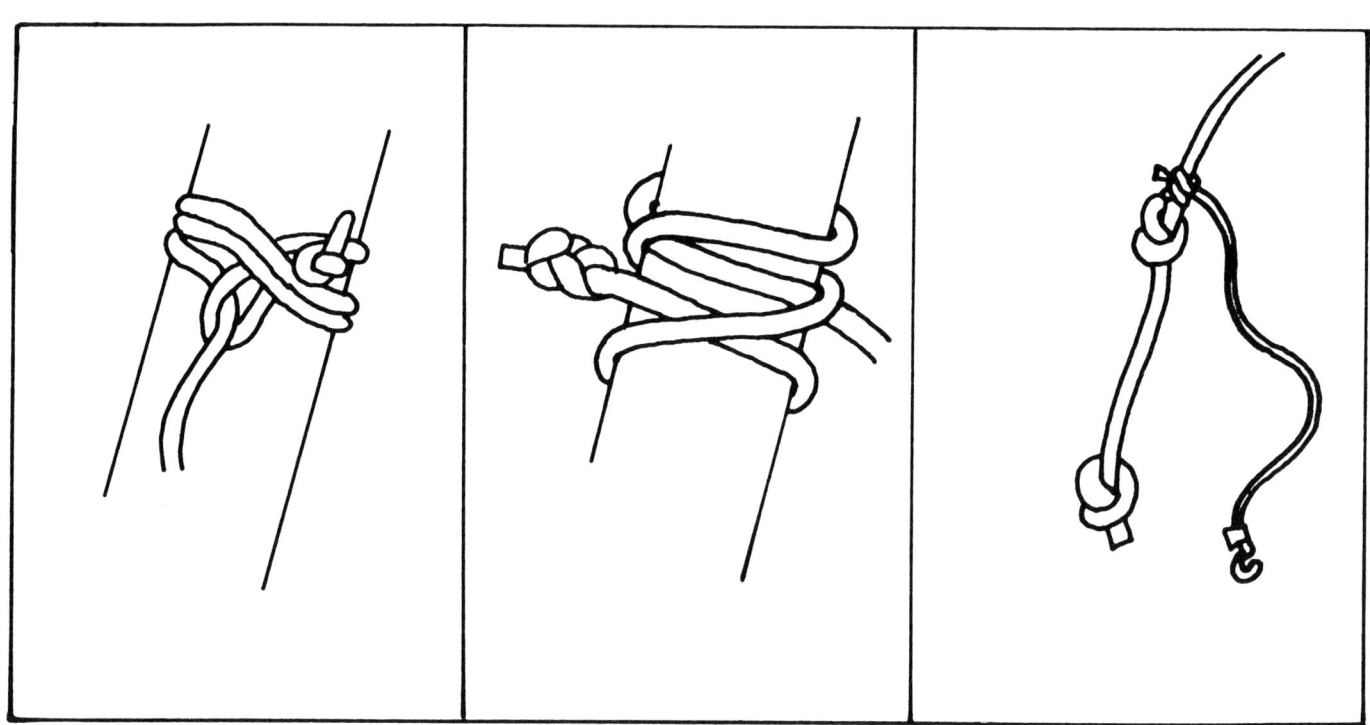

4. Halber Schlag
Ein oder zwei halbe Schläge nach dem Durchführen des Masttampens durch die Klemme sind eine zusätzliche Sicherung.

5. Achtknoten
Ein Achtknoten gehört an jedes Ende des Trimmschottampens, damit dieser nicht unfreiwillig ausrauschen kann.

6. Slipstek
Für den Unterliekstrecker empfiehlt sich eine Talje über einen Slipstek. Das erleichtert das Nachspannen.

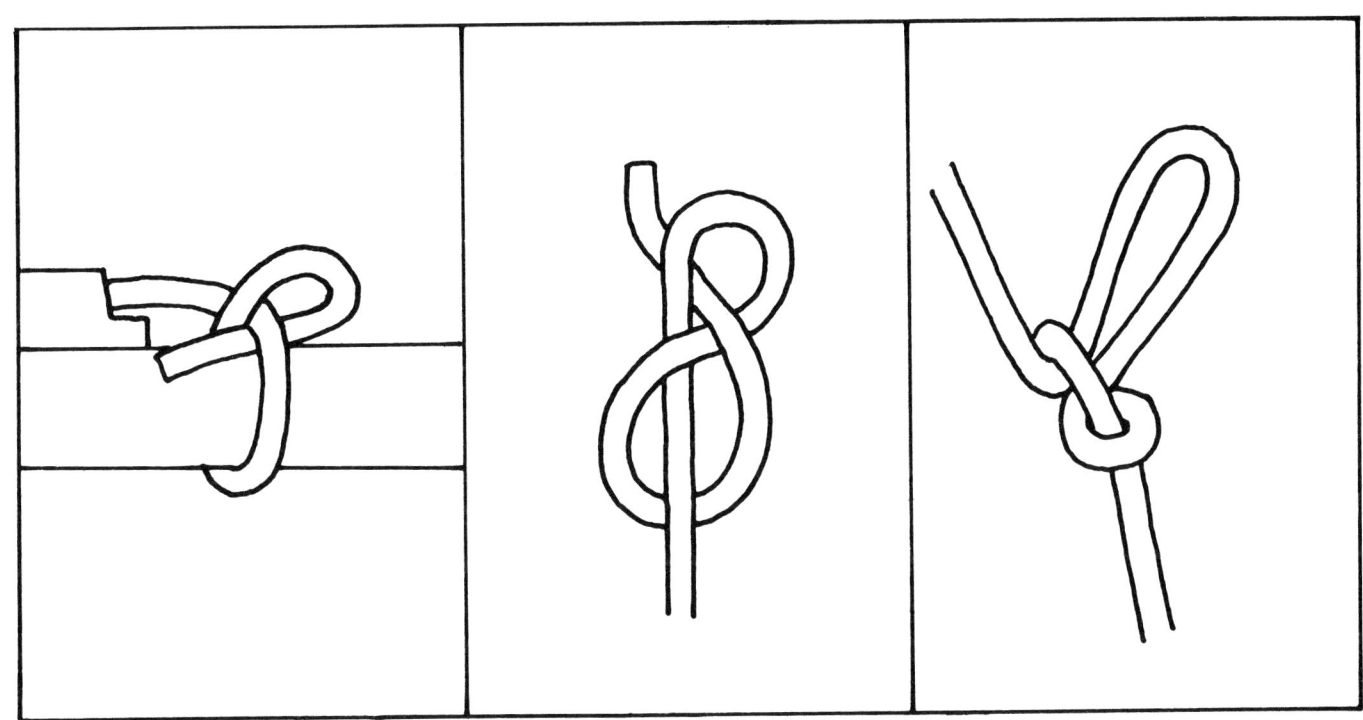

Tampen und Knoten

Glücklicherweise sind es nicht viele seemännische Knoten, die ein Segelsurfer kennen muß. Dafür ist jeder einzelne so wichtig, daß ein Ausfall z. B. das Surfen hoch am Wind, wenn wir gegen den Wind ans Ufer zurückkehren wollen, unmöglich macht.

Der Achtknoten gehört an die Enden der Trimmschot und der Gummileine.

Den Palstek oder Slipstek brauchen wir für den Vorliekstrecker, den Rehmstek für den Masttampen und den Kreuzknoten zum Verbinden zweier Enden; den halben Schlag zur Sicherung des Masttampens am Gabelbaum. Der Schotstek verbindet zwei ungleich starke Enden.

Safety first, diese Devise gilt besonders bei Tampen. Nehmen Sie deshalb auch einen Reservetampen von 2 m Länge mit. Dieser kann in der Masttasche herunterhängen oder ans Gabelbaumende gewickelt sein.

Wenn Sie Ersatz für die Startschot beschaffen, achten Sie bitte darauf, daß es sich um ganz weiches, schwimmfähiges Material handelt.

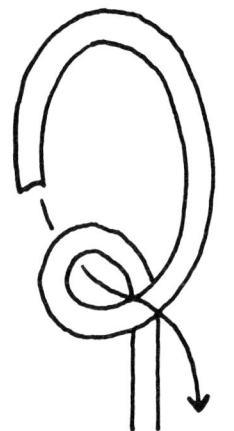 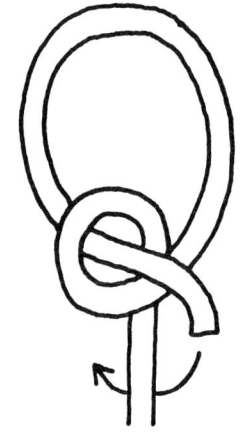 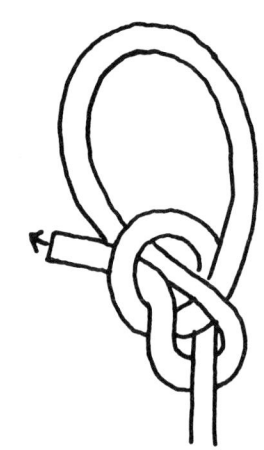

Palstek

Kreuzknoten **Schotstek**

Sichere Knoten garantieren unbeschwertes Surfen.

Die Trimmschot

Sie haben ja gelesen, daß man mit der Trimmschot das Segel auf die herrschende Windstärke passend einstellen kann. Bei starkem Wind müssen wir ganz dichtholen, und dabei muß auch die Kraft der Mastbiegung überwunden werden.
Wer dies mit mehr Geschicklichkeit als Kraft tun will, macht es so:

1. Wir ziehen zugleich am Segel und spannen mit der anderen Hand die Schot nach.
2. Indem wir mit der einen Hand die Schot am Gabelbaum gegen Verrutschen festhalten, belegen wir mit der anderen Hand die Schot in der Klemme.
3. Wir sichern die Schot mit einem Stoppersteg hinter der Klemme am Gabelbaum.

Die Kleidung und Sicherheit

Von Kopf bis Fuß

Ganzanzug
Long John, Bolerojacke.
Badehose mit Nierenschutz.

2,5 mm Neopren Sommer über 18°C
4 mm Neopren Frühjahr und Herbst bis 12°C
6 mm Neopren Winter unter 12°C

Von der Verdunstungskälte haben Sie sicher schon gehört. Bei den hohen Geschwindigkeiten und dem unvermeidlichen Spritzwasser sollten sich Surfer besonders vor Unterkühlung schützen. Ganz abgesehen davon,

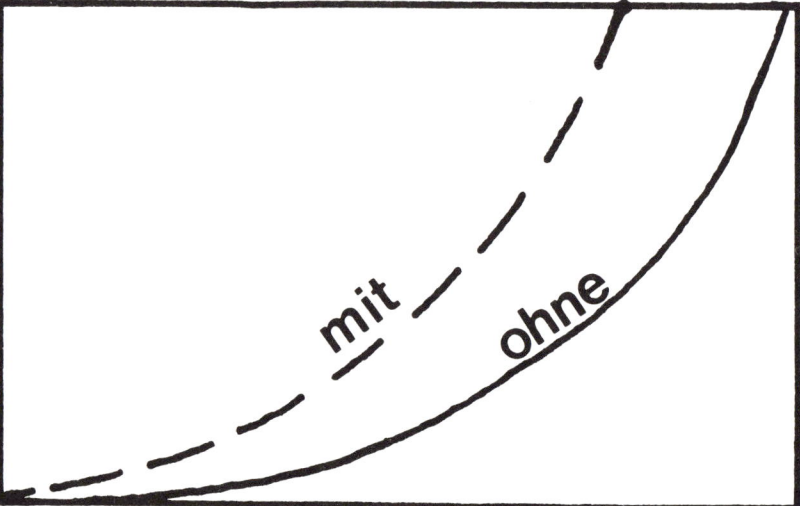

Die Kältetabelle zeigt die Überlebenszeit des menschlichen Organismus in Abhängigkeit von der Wassertemperatur. Bei über 20° steigen die Überlebenschancen sprungartig. Mit einem Kälteschutzanzug haben Sie also bei 10 Grad kaltem Wasser die 5fache Überlebenszeit, nämlich 15 Stunden anstatt 3 Stunden.

daß Anfänger beim Üben besonders gefährdet sind und überhaupt jeder Surfer auf Notsituationen vorbereitet sein muß.
Die Graphik zeigt, welche Überlebenschance man mit und ohne Kälteschutzanzug hat. Die kritische Grenze liegt bei 18°C Wassertemperatur, dann sinkt die Überlebenszeit rapide. Mit dem Anzug wird sie fast verdreifacht.
Die Strichzeichnungen zeigen eine Auswahl an gängigen Neopren-Kälteschutzkleidungsstücken für Surfer.
Der Ganzanzug ist praktisch und preiswert. Der Long John ohne Arme gibt viel Bewegungsfreiheit und kommt den sportlichen Anforderungen sehr entgegen.
Für Sommertage als Badehose und an kalten Tagen als Unterhose empfiehlt sich eine nierenhohe Hose aus Neopren.
Bei der Auswahl der Kleidung ist guter Sitz, der nicht kneift, wichtig – dann wird die Durchblutung nicht gestört, aber es kann auch kein kaltes Wasser nachströmen.
An Armen und Beinen müssen Reißverschlüsse vorhanden sein. Dann ist das Umkleiden kein Problem und man kann sich auch mal »Luft« machen.
Für Schuhe gibt es eine Empfehlung. Anfänger und Schüler brauchen nur knöchelhohe Turnschuhe. Diese sind aber Pflicht. Wenn man sie eine Nummer zu groß kauft, kann man sie später mit Kälteschutzsocken kombinieren und das ist von Form und Funktion her ideal und sehr preiswert.
Für Fortgeschrittene gibt es inzwischen von mehreren Herstellern spezielle Surfschuhe, vor deren Kauf man sich gründlich informieren sollte.
Handschuhe sind sehr umstritten. Sie müssen zugleich wärmen und griffig sein. Ein sehr dünnes Neopren außen und Leder in der Grifffläche dürften das Zweckmäßigste sein; leider auch teuer.

Bei Seeregatten kann es zur Vorschrift gemacht werden, daß Schwimmwesten angelegt werden. Bislang hat man mit Hinweis auf die Neoprenkleidung, die ja Auftrieb hat, darauf verzichtet. Zu unrecht, denn die Anzüge sind nicht ohnmachtssicher. Hier empfiehlt es sich, das Unvermeidliche mit dem Nützlichen zu kombinieren und einen Trapezgurt mit Pilotenschwimmweste zu tragen. Gerade, weil auch auf langen Schlägen das Risiko besonders groß ist.
Für den Anfänger ist ein Trapez noch nicht zu empfehlen, da es perfekte Beherrschung des Gabelbaumes voraussetzt. Dann ist jede flache, die Bewegungen nicht hemmende Schwimmweste, für den Übenden gut.

Der Transport

Kein Segelsportgerät ist so klein, so leicht auf- und abzubauen und vor allem – mit so wenig Aufwand zu transportieren.
Auf dem Autodach beachten Sie bitte, daß das Brett bei allen Geschwindigkeiten zu einer Gefahr für andere Verkehrsteilnehmer werden kann, wenn Sie es nicht sorgfältig festgezurrt haben.
Erstens ist ein stabiler Dachträger wichtig und zweitens eine gründliche Befestigung.
Das Brett muß mit der Trittfläche nach unten und mit der Spitze nach vorn aufliegen. Sowohl der Fahrtwind als auch das Auftriebsmoment des Brettes und der Seitenwind können daran zerren.
Bei Geschwindigkeiten über 130 km/h sollten Sie den Mast auf das Brett legen und diesen vorn und hinten mit den Stoßstangenenden durch einen Tampen verbinden. Das sichert zusätzlich den Dachträger.
Für das Festbinden des Brettes gibt es preiswerte Spanngurte. Auf keinen Fall Gummispanner verwenden!

Wenn Sie das Brett über Nacht auf dem Autodach lassen, müssen Sie es durch Schloß und Kette durch den Schwertkasten mit dem Dachträger sichern oder von vornherein einen abschließbaren Dachträger wählen.
An Land können Sie das Brett unter dem Arm tragen. Mit einem Gurt, den Sie durch den Schwertkasten ziehen, läßt es sich auch über die Schulter hängen. Wenn Sie das Segel wie auf Seite 20 beschrieben zusammenfalten und so aus dem Ring ein handliches Paket gemacht haben, ist der Rest eine Kleinigkeit. Oder, bei kürzeren Strecken tragen Sie das Segel in aufgespanntem Zustand über dem Kopf. Nur achten Sie dann darauf, daß der Mastfuß in Windrichtung zeigt, egal, welche Richtung Sie selbst einschlagen. Das Schwert bleibt im Brett, oder Sie streifen es sich am Bändsel über den Arm.
Neuerdings können Sie im Handel Surf-Brett-Transportwagen kaufen. Das sind zweirädrige Gestelle für ein oder zwei Boards.
Kompletten Schutz und Sicherheit gibt die Sportboot-Kasko-Versicherung für das Brett auf dem Wasser, an Land und beim Transport. Überprüfen Sie, ob Ihre Haftpflichtversicherung auch für Windsurfingschäden aufkommt.

Aus der Zeichnung ersehen Sie die Dachüberstände. Nach vorn darf nichts überstehen, nach hinten müssen Sie ab 1 m bei Tage eine rote Fahne und bei Nacht ein rotes Licht anbringen. Wegen der zulässigen Dachlast achten Sie bitte darauf, daß z. B. ein Mittelklassewagen nur 80–100 kg mitführen darf.

Der große Absatzerfolg der Segelsurfer in aller Welt ist ganz entscheidend auf den leichten Transport zurückzuführen.
1 Das gespannte Segel ist bei einem Gewicht von 10–15 kg gar kein Problem, besonders, wenn man den Auftrieb zusäzlich als Tragehilfe benutzt.

2 Hier trägt eine Person die ganze Ausrüstung. Bei Entfernungen von 30–50 Metern eigentlich kein großes Problem. Bei größeren Entfernungen kann man zu zweit diese Ausrüstung leichter bewältigen.

3 Auch Tragen durch flaches Wasser oder durch die Brandung ist problemlos. Im Gegenteil, hier erschließen sich ganz neue Reviere für die Surfer.

Gesetzeskunde

Grundregel für das Verhalten von Surfern auf dem Wasser ist:
Der Surfer soll sich so verhalten, daß die Sicherheit und Leichtigkeit des Verkehrs gewährleistet ist und daß kein anderer geschädigt, gefährdet oder mehr als nach den Umständen vermeidbar, behindert oder belästigt wird. Er hat vor allen Dingen die besonderen Umstände und Vorsichtsmaßregeln zu beachten, die Seemannsbrauch sind. Wer infolge körperlicher oder geistiger Mängel oder des Genusses alkoholischer Getränke oder anderer berauschender Mittel in der sicheren Führung des Segelsurfers behindert ist, darf das Fahrzeug nicht führen.
Um eine unmittelbar drohende Gefahr abzuwenden, müssen unter Berücksichtigung der besonderen Umstände auch dann alle erforderlichen Maßnahmen ergriffen werden, wenn diese ein Abweichen von den gesetzlichen Vorschriften notwendig machen.
Folgende Vorschriften gelten unmittelbar für Surfer:
Im Fahrwasser sowie außerhalb des Fahrwassers auf den von der Strom- und Schiffahrtspolizei bekanntgemachten Wasserflächen darf bei Nacht, bei verminderter Sicht und während der von der Strom- und Schiffahrtspolizei bekanntgemachten Zeiten nicht mit dem Segelsurfer gefahren werden.
An Badeplätzen, in Häfen und Hafeneinfahrten darf nicht gesurft werden. Sobald erkennbarer Badebetrieb herrscht, ist die Geschwindigkeit innerhalb von 300 m vom Ufer auf 5 sm (8 km/h) herabzusetzen und Schwimmern auszuweichen.
Auf Schiffahrtslinien, den Linien der Berufs- und Linienschiffahrt, an Ankerplätzen, Anlegestellen, Anlegern darf nicht gesurft werden.

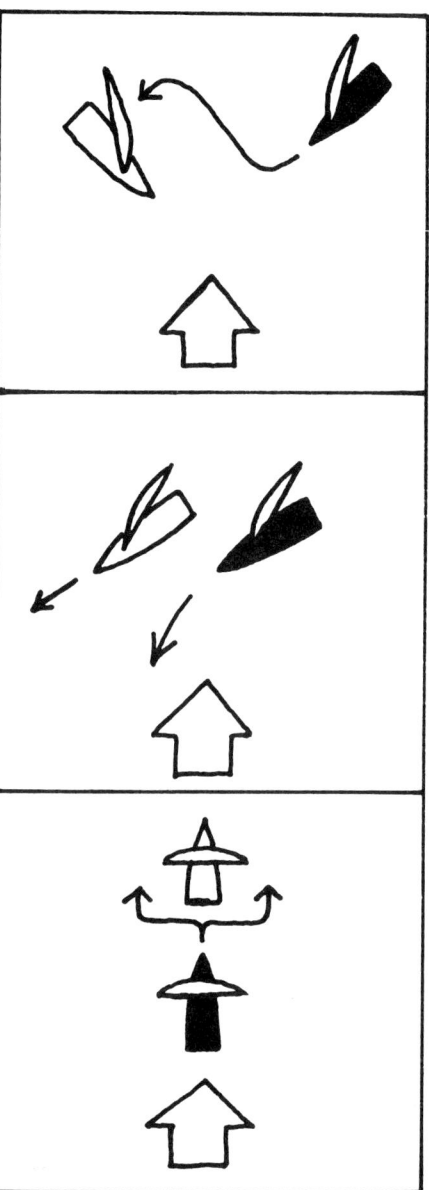

Die Ausweichregeln für Segelfahrzeuge, also auch für Surfer, lauten:
1. Ausweichmanöver sind rechtzeitig, gut erkennbar und entschlossen einzuleiten.
2. Die Vorfahrt darf nicht erzwungen werden.
3. Ein Windsurfer oder ein anderes Segelfahrzeug auf Backbordbug hat vor einem anderen Segelfahrzeug auf Steuerbordbug Vorfahrt. Backbord vor Steuerbord.
4. Segeln zwei Boote auf gleichem Bug, hat das Leeboot Vorfahrt. Lee vor Luv.
5. Überholende Boote haben sich freizuhalten.

Nach den Bestimmungen der Binnenschiffahrtsstraßenordnung muß ein Surfbrett mit einer Zulassungsnummer des Wasser- und Schiffahrtsamtes oder der Vereinsregistrierung eines anerkannten Dachverbandes versehen sein. In Österreich heißt das Gesetz: Seen- und Flußverkehrsordnung. Auf deutschen Binnenschiffahrtsstraßen muß auch ein Surfer eine amtliche Zulassung oder Vereinsregistrierung und sogar den Personalausweis, natürlich wasserfest verpackt mitführen.

Naturschutz

Surfer sind natürlich besonders umweltfreundlich, denn das Gerät macht keinen Schmutz, verbraucht keine Energie und macht auch keinen Lärm. Trotzdem gibt es an verschiedenen Gewässern unterschiedliche Natur- und Umweltschutzforderungen, die der Surfer ernst nehmen muß. Die seltenen, regionalen Tier- und Pflanzenvorkommen müssen mit angepaßten Schutzbestimmungen erhalten bleiben. Deshalb sollten Sie sich vor Fahrtantritt in unbekannten Gebieten über die neuesten Bestimmungen informieren. Auch jahreszeitlich zum Beispiel über Vogelwanderungen im Wattenmeer, Laichzeiten, Ruhestellen, Brutstätten. Besonders die flachen Gewässer in der Nähe von Röhrichtbeständen an Binnenseen, die Sandbänke in der Nordsee, wo Seehunde in der Sonne liegen und Vogelschwärme im Frühjahr und Herbst Rastpausen einlegen, sind besonders gefährdete Gebiete. Wenn Sie an neuen, unberührten Ufern surfen, halten Sie bitte den Platz so sauber, wie Sie ihn vorgefunden haben.

Notsignale

Unter den internationalen Seenotsignalen kann das Signal »Heben und Senken der Arme über dem Kopf« am einfachsten von einem Surfer angewandt werden. Allerdings muß es langsam und eindeutig sichtbar erfolgen.

Zusätzlich hat es sich bei Surfern in Seerevieren eingebürgert, sogenannte Signalstifte bei sich zu führen, mit denen rote Leuchtkugeln abgeschossen werden können.

Schon bei der Auswahl der Segelfarben,

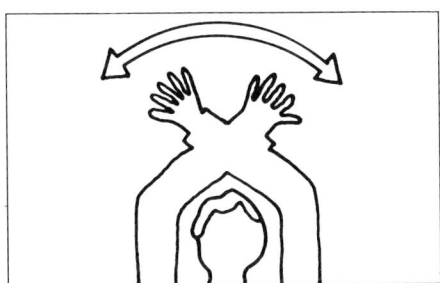

einem hellen Brett, farbigem Anzugoberteil und bunter Mütze kann der Surfer mithelfen, nach einem Notfall gesehen und wieder geborgen zu werden.

Vorsicht beim Üben

Zum Üben eignen sich flache Ufer, besonders Buchten, die stark windgeschützt sind und frei von Strömungen und Unterwasserhindernissen. Besonders bei starkem, ablandigem Wind sollten Anfänger auf keinen Fall aufs Wasser.

Notpaddeln

Auch Flauten können ihre unangenehmen Seiten haben. Eine praktische Lösung, wenn größere Strecken zurückzulegen sind, ist das Paddeln mit dem Mast, wenn man das Segel abgezogen hat. Dabei kniet man sich auf das Segel und setzt sich in die Gabelbaummitte.

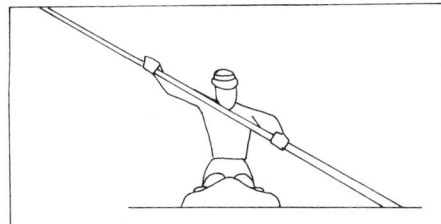

Flügelpaddeln

Bei ablandigem Wind oder beim Üben können kurze Strecken am schnellsten und unkompliziertesten durch das *Flügelpaddeln* überwunden werden. Es erlaubt kräftige beidarmige Züge, ohne daß das Rigg stört, indem es im Wasser nachschleift, denn der Gabelbaum liegt auf dem Heck auf. Im Gegenteil, das Segel lenkt das Brett sogar immer in den Wind. Bei langen Strecken wird das Rigg zusammengefaltet.

Gibt es dann keine Möglichkeit mehr, die Kräfte zum Paddeln einzusetzen, sollte man

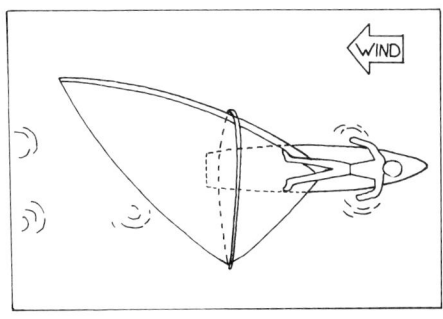

das Rigg wieder öffnen und den Mastfuß sichern. Dann läßt man sich so treiben, wie Wind und Wellen das Brett und Rigg ausrichten – nämlich Rigg nach Luv, Brett nach Lee. Jetzt werden ankommende Wellen durch die Blasenbahn des Riggs gedämpft und die Schlingerbewegungen des Brettes gemildert. Das Rigg wirkt als Treibanker.

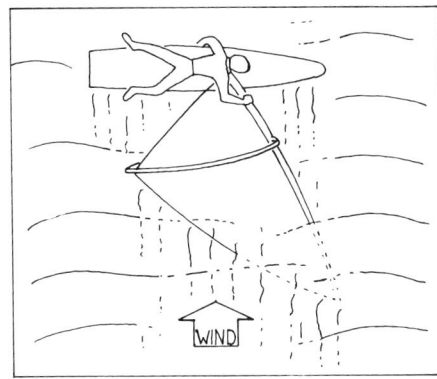

Das Notrigg

Die Ursachen, die ein Notrigg erforderlich machen, sind eindeutig. Bei völliger Entkräftung zum Beispiel. Auch Sturm über 7 Windstärken macht das Brett mit großem Segel manövrierunfähig. Oder die Öse im Schothorn reißt, der Mast oder der Gabelbaum bricht. Deshalb sollten auf Langstrecken in jedem großen Segel Reffösen serienmäßig vorhanden sein oder nachträglich durch einen Segelmacher angebracht werden.

Im Notfall werden Masttampen und Trimmschot sowie Vorliekstrecker gelöst und das Segel bis zur Linie der Ösen fest aufgerollt. Mit der Reserveleine wird so fest gezurrt, daß sich nur wenig Wasser im gereffen Segel festsetzen kann. Masttampen und Vorliekstrecker werden durch die Reffösen geführt, die Trimmschot direkt am Gabelbaum befestigt und zum Endbeschlag dichtgeholt. Bei Havarien, wie Mast- oder Gabelbaumbruch, läßt sich das Rigg auch so verkleinert wiederherstellen.

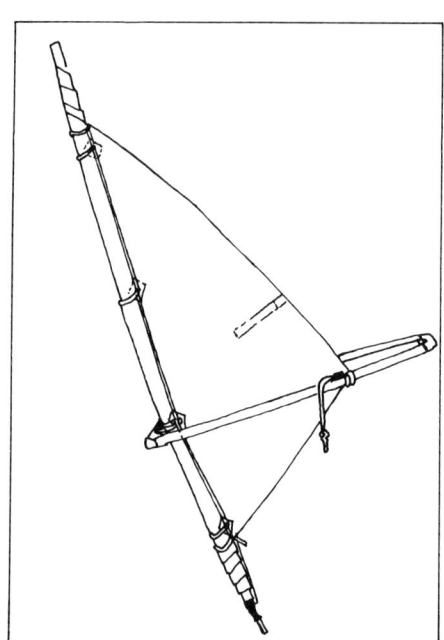

Das Notgelenk

Gerade das Gelenk ist ein empfindlicher Punkt für Havarien. Beim Kardan braucht nur eine Schraube zu brechen oder beim Gummi sich die Verklebung zu lösen, schon ist das Brett und Segel hilflos manövrierunfähig. Da hilft jetzt die alte Darbyidee mit dem Tampen

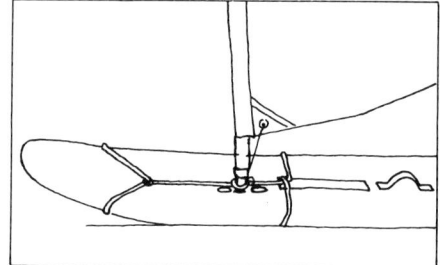

als Board-Rigg-Verbindung. Erfahrene Tourensurfer haben sich schon einen Plastikeinsatz mit Metallsteg ins Brett laminiert, um im Notfall eine einfache, kurze Tampenverbindung herzustellen. Siehe Seite 13 (Mastloch).

Abschleppen

Oft ist nur ein anderer Surfer in der Nähe, wenn dringend Hilfe gebraucht wird. Je rechtzeitiger bei ablandigem Wind geholfen wird, desto besser. Bei glattem Wasser und nicht zu stürmischem Wind empfehle ich, das Rigg nicht zusammenzufalten, sondern die Flügeltechnik zu benutzen, besonders bei kurzen Distanzen.

Das Abschleppen nebeneinander hat drei Vorteile: die Stabilität, die geringe Abdrift durch die Wirkung zweier Schwerter und das Gefühl der Sicherheit durch die Nähe des abschleppenden Surfers. Manchmal kann mit einer Hand auch mitgepaddelt werden.

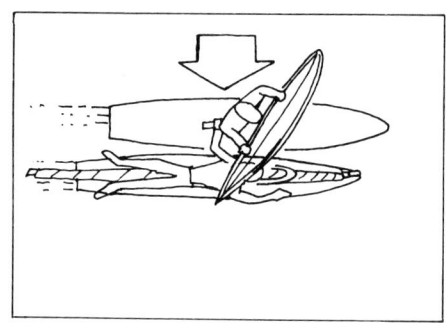

Sturmwarnung

Auf Binnenseen, z. B. Ammersee, Chiemsee, Starnberger See, Bodensee, wird ein aufkommendes Gewitter oder Unwetter durch Blinkzeichen angezeigt. Bei 45 Blinktakten pro Minute ist Vorwarnung und bei 90 Takten muß das nächstliegende Ufer- oder Hafengelände aufgesucht werden. Zuwiderhandlungen sind strafbar.

Am Meer werden in jedem Hafen Sturmwarnsignale an einem dafür vorgesehenen Mast gegeben. Nur halten sich dort Surfer selten auf, und sie dürfen es auf dem Wasser auch nicht.

Deshalb sollten Surfer an der See täglich morgens den Wetterbericht im Radio oder im Telefonansagedienst hören und die Ausrüstung (Segelgröße und Bekleidung) sowie die Ausdehnung des Surftörn darauf abstimmen. In der Tageszeitung findet man die Wetterkarte des Deutschen Hydrografischen Instituts.

Seekarte

Genauso wichtig wie der Wetterbericht ist eine gründliche Information über Schiffahrtswege und Untiefen in der amtlichen Seekarte für das Seegebiet.

Tidenkalender

Im Buchhandel erhalten Sie den gültigen Tidenkalender mit den Gezeitentabellen für das Seegebiet. Aber auch die Tageszeitung gibt über die Tagestiden Auskunft. Wegen der Strömungsrichtung fragen Sie am besten Ortsansässige.

Lokale Information

Das Einholen von lokalen Informationen über Wind, Wetter, Strom, Untiefen, Verbote und Revierbesonderheiten bei ortsansässigen Surfern, in einer Windsurfingschule oder einem Shop sollte im Zweifelsfall nicht gescheut werden.

Informationspflicht

Wenn Sie die Gruppe von Surfern verlassen, um etwas weiter hinauszufahren, sollen Sie einen oder mehrere Surfer über Ihr Ziel und die Dauer Ihres Fortbleibens informieren. Ebenso sollte Ihre Familie, Bekannte oder jemand am Ufer darüber informiert sein, wie lange und wo Sie sich aufhalten werden.

Die Theorie des Segelsurfens

Der Simulator

Sicherlich spielt Ihre Begabung eine wesentliche Rolle bei Ihren Lernfortschritten. Noch wichtiger ist allerdings, daß Sie in der jetzt folgenden Phase ganz gründlich aufpassen und vor allen Dingen sofort das Gelesene oder Vorgetragene selbst auf dem Simulator üben.

Bevor wir fortfahren, will ich Ihnen kurz die Geschichte des Surfsimulators erzählen. Pfingsten 1973 kamen die inzwischen als Tandem-Langstreckenweltrekordler bekannten Zwillinge Manfred und Jürgen Charchulla nach Sylt, brachten einen umgebauten Klavierstuhl mit und sagten trocken: »Hier ist unser Surfsimulator, den schenken wir Dir.« Bisher hatte ich immer ein Stück Schaumstoff unter den Schwertkasten gelegt und darauf das ganze Brett gedreht. Der Drehstuhl diente dann zwei Jahre in meiner Schule. Inzwischen sind Simulatoren mit einer Drehdämpfung ausgerüstet und natürlich stabiler und funktioneller.

Wie auf dem Wasser, lassen sich auf dem Simulator alle Handgriffe, Bewegungsabläufe und Segelkurse an Land demonstrieren und üben. Neuerdings gibt es diese Art auch als Wassersimulator im flachen Uferbereich mit einer kurzen Gummileine.

Die Übungen auf dem Simulator sind auf Seite 44 zusammengefaßt.

Jetzt folgt eine Einführung in die Theorie des Windsurfing.

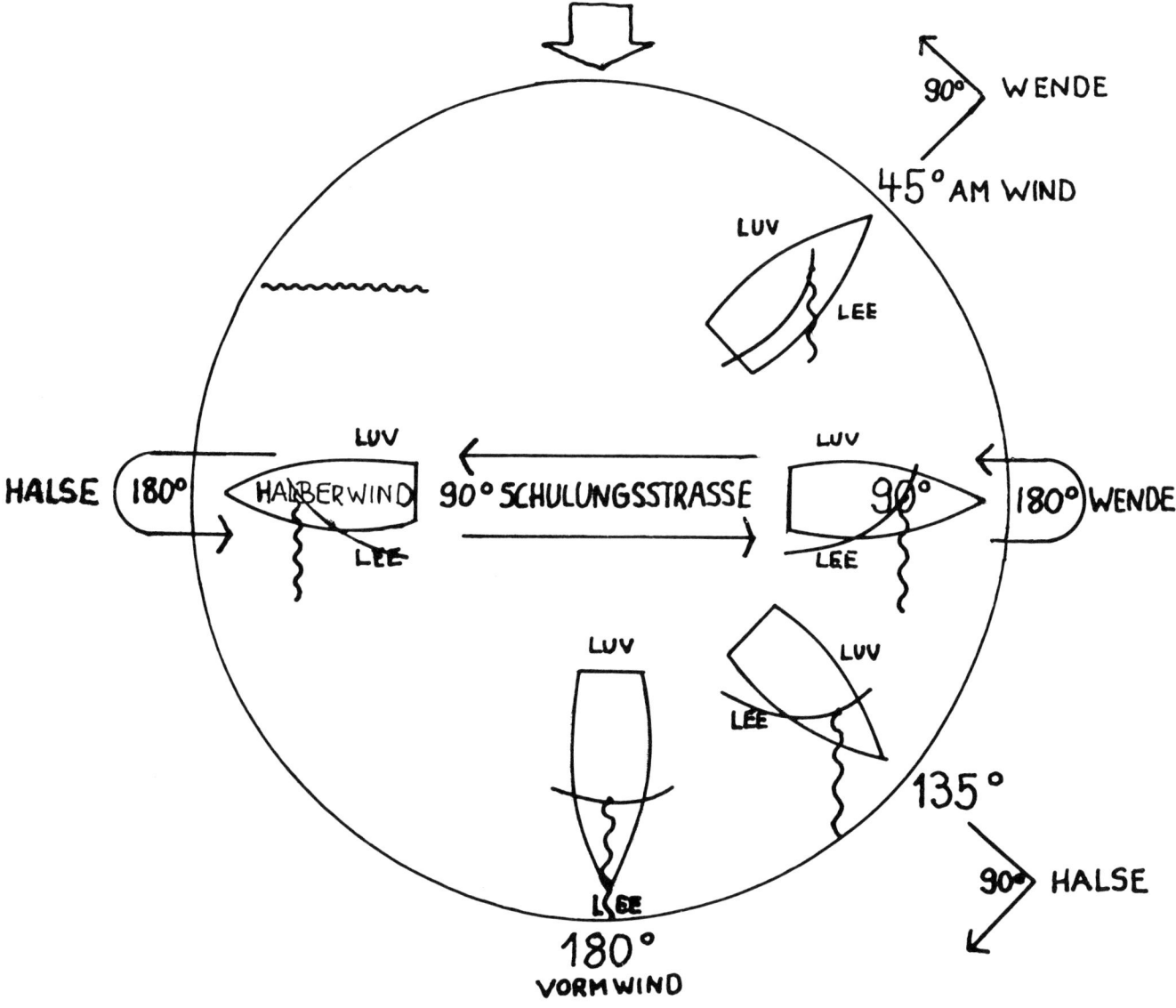

Die Kurse zum Wind

Wie jedes andere Segelfahrzeug, haben auch die Segelsurfer vier grundsätzliche Fahrtrichtungen:

am Wind, etwa 45°, wenn man gegen den Wind kreuzen will, immer schräg gegen die Wellen;

halber Wind, 90°, wenn man am Ausgangsort wieder ankommen will, längs der Wellenrichtung;

raumer Wind, 135°, wenn man den schnellsten Kurs segeln will, surfen schräg mit den Wellen;

vorm Wind, 180°, mit Wind- und Wellenrichtung, der wackeligste Kurs.

Der sogenannte »scheinbare Wind« spielt beim Windsurfen eine große Rolle, da dies der Wind ist, den wir als Zug im Segel halten müssen. Besonders bei relativ leichtem Wind sind wir bald überrascht, daß der scheinbare Wind einen viel stärkeren Druck ausübt, als wir auf Grund des herrschenden Windes erwartet haben, so daß wir eigentlich viel mehr zum Festhalten in den Händen haben als wir eigentlich vermuteten.

Für die richtige Segelstellung bedeutet dies, daß wir das Segel immer etwas dichter zur Brettmittelachse ziehen müssen, als der Kurs vermuten läßt. Am deutlichsten ist dies beim raumen Windkurs der Fall. Nur vor dem Wind, Segler sagen auch »platt vorm Wind« haben wir keinen scheinbaren Wind mehr.

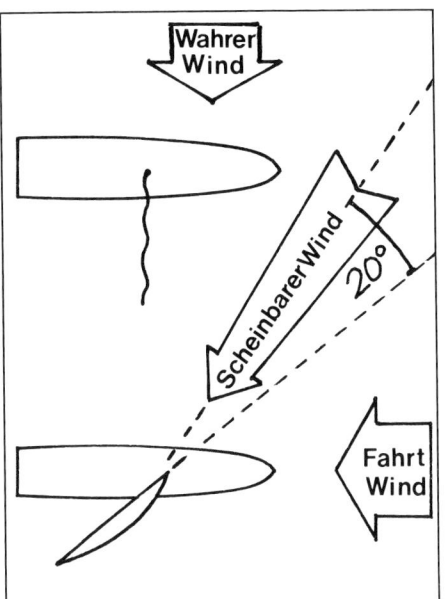

Für Anfänger ist dies oft verwirrend, aber ganz einfach unter Kontrolle zu halten. Wenn wir das Segel ausflattern lassen (1), kommen wir zum Stillstand und haben es nur noch mit dem wahren Wind zu tun. Diese Position haben wir in der großen Zeichnung auf die verschiedenen Kurse mit dem roten Segel übertragen.

Wenn wir auf dem Kurs halber Wind das Segel zum Wind öffnen und anfahren (2), kommt der Fahrtwind hinzu, so daß die Komponente aus Fahrtwind und wahrem Wind der scheinbare Wind ist.

Sobald wir mit der Segelhand etwas fieren, fällt der scheinbare Wind natürlich spitzer ein (3), so daß das Segel gleich hinter dem Mast einfällt und eine Blase bildet. Das ist die deutliche Aufforderung, mit der Schothand das Segel wieder dichter zu ziehen. Wenn das auch nicht hilft, müssen wir auf einen etwas raumeren Kurs abfallen, um den Winkel zum Wind zu vergrößern.

Gewöhnen Sie sich von Anfang an daran, auf dem Wasser ständig das Wellenraster, in der Skizze hellblau, zu beobachten und sich damit auch über den Kurs zum Wind zu vergewissern.

Nun kommen noch die Begriffe Luv und Lee hinzu. Luv ist die windzugewandte Seite und Lee die windabgewandte Seite des Segelfahrzeugs. Ändert man die Richtung zum Wind, nennen wir das Anluven – fährt man vom Wind weg, heißt es abfallen.

Sie stehen mit dem Rücken immer in Luv und das Segel immer in Lee. Sie können aus der Zeichnung noch entnehmen, daß auf den Kursen jeweils unterschiedliche Radien für den Schwenk des Segels und Körpers bei Wende und Halse notwendig sind. Auf dem Kurs am Wind (90°) sind die Wende und Halse am günstigsten und damit auch am leichtesten. Auf dem raumen Kurs (135°) ist die Halse das einfachere Manöver.

Anluven und Abfallen, Geradeaus

Das konstruktiv und funktionell Neue an den Segelsurfern ist die Steuerung mit dem frei schwenkbaren Rigg. Bevor wir das Kapitel »Kurse zum Wind« verlassen und uns mit der Segelführung eingehender beschäftigen, sehen Sie hier die Funktionsweise.

1. Segel nach Lee und zum Heck heißt »Anluven«. Dabei senken wir den Gabelbaum nach Lee, und gleichzeitig ziehen wir mit der Schothand. Der Bug fährt in den Wind, er luvt an. Je kräftiger wir ziehen, desto heftiger luvt der Bug an. Durch Anluven leiten wir die Wende ein.
2. Gabelbaum waagerecht heißt in der langsamen Verdrängerfahrt »Geradeaus«. Wir halten den eingeschlagenen Kurs, dabei nehmen wir die Feinabstimmung durch zentimeterweises Vor- oder Zurückneigen des Mastes selbst vor.
3. Segel nach Luv und zum Bug hin kippen heißt »Abfallen«. Dabei schieben wir den Gabelbaum nach Luv und drücken die Masthand nach vorn. Der Bug fährt vom Wind weg, er fällt ab. Je weiter wir das Segel vorn zum Wind öffnen, desto stärker wird das abfallende Moment. Durch Abfallen leiten wir die Halse ein.

Der ideale Anfängerkurs

Warum lernt man heute so unvergleichlich schneller windsurfen als in den ersten Pionierjahren? Weil man sich damals noch nicht über den idealen Anfängerkurs im klaren war. Zuerst glaubte man, der Vorwindkurs sei es, und lag ganz falsch. Mit Gründung der ersten Schulen in Europa kam man davon schnell wieder ab, und nachdem wir auch auf Sylt mit dem Halbwindkurs die besten Erfahrungen gemacht hatten, blieben wir dabei.
Drei Gründe sprechen für den Halbwindkurs:
1. Sie kommen immer wieder dorthin zurück, wo Sie losgefahren sind.
2. Grifftechnik, Körperstellung und Segelmanöver sind leichter als bei allen anderen Kursen, und das Erfolgserlebnis stellt sich damit früher ein.
3. Es ist der »beliebteste« Kurs, den auch später alle Windsurfer bevorzugen. Überall, wo eine Gruppe von Surfern auftritt, entsteht sofort eine »Halbwindstraße« auf dem Wasser.

Natürlich benötigen Sie unabhängig vom Wellenraster eine optische Orientierungshilfe. Sie peilen schon am Strand mit flatterndem Segel genau 90° in beide Fahrtrichtungen und suchen eine Landmarke oder ein Seezeichen in beiden Richtungen anzusteuern. Auf dem Wasser wiederholen Sie die Peilungen vor jedem Anfahrmanöver. Für die ersten 5 Stunden genügt ein etwa 100 m langer Kurs in Ufernähe.

Bitte, vergleichen Sie mit dem Foto unten. Das Brett liegt 90° zum Windpfeil. Das Segel flattert mit dem Wind aus. Wenn wir jetzt über Bug und Heck je einen Punkt anpeilen, haben wir die Peilungen für unsere »Schulungsstraße« 90° zur Windrichtung.

Die 3 Dimensionen der Segelführung

Wer bis jetzt geglaubt hat, Segelsurfen lernt sich spielend leicht, den müssen wir mit diesem Kapitel leider enttäuschen. Windsurfing kann man eigentlich von der Schwierigkeit her mit dem Radfahren vergleichen, wo man auch mit der Lenkung (Steuerung), der Pedale (Geschwindigkeit) und dem Körper (Balance) drei Funktionen auf einmal aufeinander abstimmen muß.
Nur ist die Steuerung mit dem Gabelbaum schwieriger, die Abstimmung der Geschwindigkeit mit der richtigen Segelstellung ebenfalls und die Körperbalance auf dem Wasser gegenüber Brett und Segelzug natürlich auch.

1. Die Steuerung

Der waagrechte Gabelbaum signalisiert »geradeaus«. Wenn Sie sich das merken, haben Sie den wichtigsten Anhaltspunkt begriffen. Aus der Zeichnung sehen Sie, daß jetzt die Segelfläche gleichmäßig links und rechts der Mittelachse verteilt ist.

Wenn jetzt der Gabelbaum mit dem Mast nach vorn gekippt wird, vergrößert sich die Segelfläche vor der Mittelachse. Der Zug überträgt sich auf den vorderen Fuß, der die Brettspitze vom Wind wegdrückt. Wir nennen dies abfallen.

Wenn umgekehrt das Segel nach hinten, zum Heck geneigt wird, vergrößert sich der Druck hinter der Mittelachse, das Brett fährt in den Wind, es luvt an.

2. Die Geschwindigkeit

Die Fahrt des Segelsurfers wird durch Überdruck in Luv und Unterdruck in Lee des Segels produziert. Dabei sollte der scheinbare Wind immer mit einem Winkel von 10–20° auf die Segelwölbung einströmen. Je bauchiger das Segel, desto größer der Anströmwinkel.

Bei Nullgeschwindigkeit flattert das Segel. Je stärker das Segel zum scheinbaren Wind angestellt ist, desto größer wird der Druck und damit die Geschwindigkeit.

Anfänger sollten deshalb immer die Segelhand mit leichtem Zug führen und sofort nachgeben, wenn sie eine Druckzunahme spüren. Das Frappierende ist, daß man wirklich meint, »den Wind in den Händen« zu halten. Die Anspannung des Körpers, der den Segelzug auf das Brett überträgt, läßt das Herz höher schlagen. Nur Fliegen ist schöner – und eigentlich fliegt man ja mehr über das Wasser als man segelt.

3. Die Körper/Segel-Balance

Die einfachste Form des Segelsurfens bei kaum spürbarem Wind ist das »Stehsegeln«. Sobald aber eine leichte Brise einfällt, beginnt sofort der Kampf zwischen Segelzug und Ausreitgewicht des Körpers.

Nach wenigen Minuten Üben mit dem Lehrer auf dem Tandem merken Anfänger sehr bald, worum es geht, während Autodidakten oft Tage brauchen, um den Dreh herauszufinden. Wenn man sich wundert, warum Windsurfing sich so blitzartig ausgebreitet hat, weiß man nichts vom dem berauschenden Gefühl, mit den Armen im Trapez des Segels zu hängen und dicht über der Wasserfläche zu schweben.

Im Gegensatz zu allen anderen Segelfahrzeugen, deren Segel nach Lee wegkippen, stellt der Surfer sein Segel wie einen Flügel nach Luv in den Wind und nutzt den entstehenden Auftrieb zum schwerelos wirkenden Schweben über Gischt und Wellen.

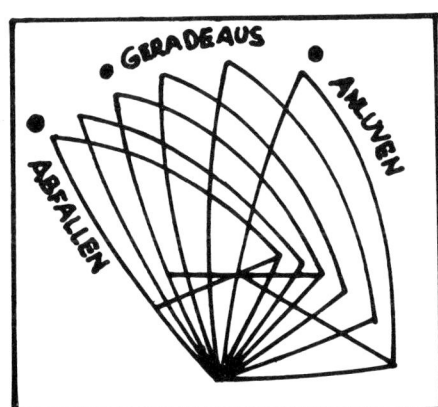
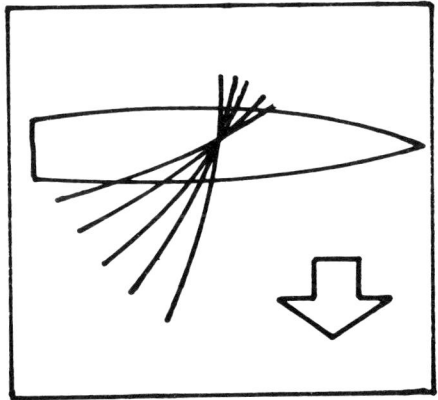
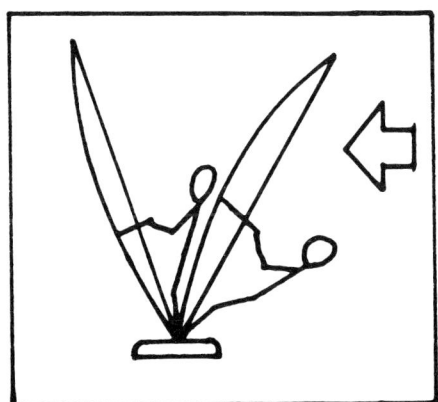

Der Gabelbaum steht waagrecht, die Surferin steuert geradeaus. Der Anstellwinkel des Segels zum Wind ist optimal, das Gerät macht Fahrt durchs Wasser. Der Körper der Surferin ist gegen den Segeldruck nach Luv gelehnt, hauptsächlich mit den Schultern, die Körper/Segel-Balance stimmt also auch.

Die Startvorbereitung (Grundstellung)

Die Handgriffe

Nachdem wir das Segel am Masttampen hochgeholt haben, müssen wir mit einer Hand zum Gabelbaum greifen, damit das Segel nicht mehr im Wasser schleifen kann. Dabei darf das Druckverhältnis Segel/Brett nicht verändert werden. Dies geschieht durch »Umgreifen«.

Das heißt, die Hand, die in Fahrtrichtung zeigt, greift hinter dem Mast an den Gabelbaum, 20 cm vom Mast entfernt. Diese Hand nennen wir jetzt *Masthand.* Die freie Hand, die spätere *Schothand,* benutzen wir zum Balancieren und strecken sie bei Bedarf seitlich aus.

Die Körperstellung

Wenn wir vor dem ersten Start einmal probiert haben, auf dem Brett ohne Segel zu balancieren, haben wir bald festgestellt, daß wir uns nur auf der Brettmittelachse aufhalten können und auch nur mit eng zusammengestellten Füßen. Ein leichtes Einknicken der Kniegelenke hilft, die Balance zu halten.

Sobald wir das Segel aus dem Wasser ziehen, haben wir ein Ausgleichsgewicht in den Händen, das die Balance sehr erleichtert. Je aufrechter wir stehen und je mehr wir uns mit den Schultern gegen den Zug zurücklehnen, desto leichter und vor allem kraftschonender ist die Prozedur.

Die Fußstellung

Alles, was man mit dem Segeldruck einleitet, muß man mit den Füßen auf das Brett übertragen. Das vordere Bein ist das *Mastbein,* das bei Anfängern immer vor dem Mast stehen sollte.

Deshalb stellen wir schon bei der Grundstellung die Füße links und rechts vom Gelenk mit den Zehen auf die Brettmittelachse. Das hintere Bein nennen wir das *Standbein,* weil wir es während der Fahrt mit dem Körpergewicht belasten.

Je mehr Wind, desto mehr Beinarbeit wird verlangt, und je mehr Wellen, desto mehr Fußspitzengefühl muß der Surfer entwickeln, um das Brett und sich selbst unter »Fußkontrolle« zu halten.

Kein Wunder, daß die besten Surfer der Welt darauf schwören, barfuß zu fahren.

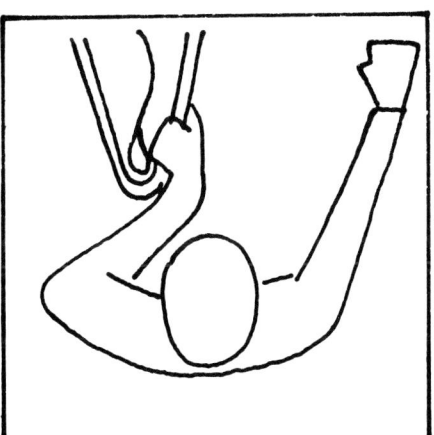

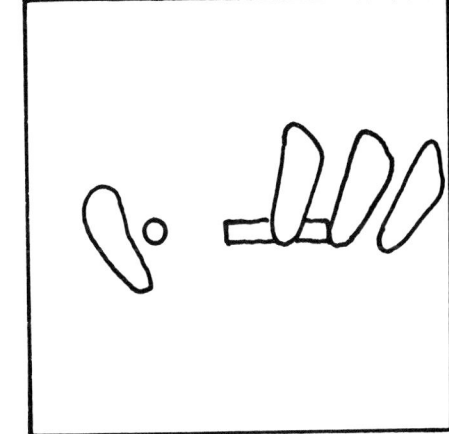

Die praktischen Übungen

Übungen der Bewegungsabläufe

Der Anfänger übt zunächst am Simulator die Bewegungsabläufe.

Der nächste Schritt ist die Wiederholung der Übungen auf dem Wasser. Entweder mit dem Lehrer zusammen auf dem Tandem oder allein auf dem Brett, aber an eine Boje angebunden.

Das beginnt mit dem *Aufholen des Segels* aus dem Wasser. Übrigens für Kinder und Frauen ein Test, ob sie den Sport kräftemäßig schaffen; denn das ist der anstrengendste Teil des Windsurfing.

Das Segel muß immer in Lee auf der windabgewandten Seite des Brettes liegen.

Der Körper wird leicht zurückgelehnt, und man geht leicht in die Knie. Jetzt mit Rücklage und Beinkraft das Segel aus dem Wasser ziehen.

Eine kleine Pause von 5 Sekunden läßt das Wasser aus der Masttasche laufen, und nun wird das Segel über die Startschot Knoten über Knoten ganz aufgestellt, bis auch der Gabelbaum das Wasser nicht mehr berührt. Das Segel flattert aus.

Wir prägen uns die Windrichtung ein. Nun kontrollieren wir durch leichten Fußdruck links oder rechts vom Mastgelenk den Kurs des Brettes 90° zum Wind.

Wir nehmen die *Grundstellung* ein und prüfen noch einmal die Fahrtrichtung 90° zum Wind. Durch Zurückschauen sehen wir über das Heck den Punkt, den wir auf dem Rückweg ansteuern müssen.

Teil der Grundstellung ist das »Umgreifen« mit der Hand, die in Fahrtrichtung zeigt, an den Gabelbaum hinter das Segel. Die andere Hand (Schothand) kann jetzt die Startschot loslassen, und sie wird ausgestreckt, um beim Balancieren zu helfen.

Die *Drehübung* ist nichts weiter als eine vorweggenommene Wende oder Halse in allereinfachster Form.
Wenn ich den Bug durch den Wind drehe, ist das eine Wende. Geht das Heck durch den Wind, nennen wir es Halse. Dazu brauche ich nur mit der Masthand das Segel etwas gegen den Wind zu stellen (Backhalten) und das Brett mit den Füßen leicht in die entgegengesetzte Richtung zu drehen. Die Füße bleiben dicht am Mast zusammen. Wir stehen immer mit dem Rücken zum Wind vor dem Segel. Wenn ich einen Vollkreis um 360° gedreht habe, habe ich einmal gewendet und einmal dabei gehalst. Die Drehübung ist nützlich, um in unmittelbarer Ufernähe das Wenden und Halsen zu üben.

Segel in Luv aufholen

Sobald Sie mit dem Üben bei stärkerem Wind beginnen, tritt nach jedem Sturz der Treibankereffekt des Segels auf. Da das Brett aufschwimmt und vom Wind gedreht werden kann, treibt es in Lee des Segels.

Nun haben Sie das Problem, entweder wie in Bild 1 gezeigt, das Segel mit einem Ruck über das Brett zu ziehen – was Übung und Kraft erfordert – oder die leichtere Methode nach den Bildern 2–7 zu wählen. Dabei ziehen Sie das Segel 1/3 aus dem Wasser und lassen sich dann vom Wind in die neue Startposition drehen.

Das Anfahrmanöver

Das Anfahrmanöver überbrückt die Phase der Grundstellung mit flatterndem, wirkungslosem Segel mit der vollen Fahrt in Trapezhaltung des Körpers in der gewünschten Richtung von 90° zum Wind. Obwohl es spielend leicht aussieht, ist es der eigentliche »Trick« beim Erlernen dieses Sports. Nachdem die Grundstellung konzentriert eingenommen worden ist, beobachten wir den Wind, damit wir nicht in eine Windbö hineinstarten.

Das folgende Anfahrmanöver ist in 5 Kommandos unterteilt, die Reihenfolge beginnt bei den Füßen.

Kommando Nr. 1

»Standfuß hinters Schwert«
Dabei treten wir mit der Hacke auf die Brettmittelachse hinter dem Schwertkasten. Je mehr Wind, desto weiter zurück.

Kommando Nr. 2

»Schultern in Fahrtrichtung«
Drehung des Oberkörpers und Kopfes um 90° in Fahrtrichtung auf das Fahrtziel zu. Standbein leicht einknicken. Körpergewicht nach hinten auf das Standbein verlagern. Brettspitze und Fahrtziel von jetzt ab beobachten und deckungsgleich halten. Mit der Masthand drücken heißt abfallen, ziehen heißt anluven.

Kommando Nr. 3

»Segel in den Wind ziehen«
Den Gabelbaum mit der Masthand vorn am Körper nach Luv vorbeiziehen, bis der Gabelbaum waagrecht steht und wir das Fahrtziel durch das Fenster im Segel sehen können (waagrecht = geradeaus). Je mehr Wind herrscht, desto weiter nach Luv ziehen. Das Segel weiter flattern lassen, gleichzeitig mit der freien Schothand die Körperbalance unterstützen.

Kommando Nr. 4

»Schothand greift zum Gabelbaum«
Ungefähr 60 cm hinter der Masthand an den Gabelbaum greifen, der immer noch waagrecht sein muß, und das Segel flattert weiter.

Kommando Nr. 5

»Masthand öffnen – Schothand schließen«
Das Segel wird jetzt vorn zum Wind geöffnet. Die Anströmung muß gleichzeitig vor und hinter der Druckmittelachse im Segel erfolgen, damit das Geradeausmoment erhalten bleibt und das Brett nicht anluvt. Jetzt sind wir in Fahrt. Mast vorneigen und Schothand lockern!

Die Segelmanöver

Die einfachste Übung für Wende und Halse ist die Drehübung, die wir bereits gelernt haben. Darauf können wir immer wieder zurückkommen, ohne daß wir uns schämen müssen.

Trotzdem wollen wir versuchen, immer schneller zu wenden oder zu halsen.

Die Wende

Die Wende leiten wir ein, wenn wir zum Ausweichen gezwungen werden, ein Hindernis auftaucht oder eine Boje gegen den Wind gerundet werden muß. Die Wende ist immer eine Richtungsveränderung gegen den Wind.

Die Schritte sind:
1. Segel nach hinten neigen, Gabelbaum kippt zum Heck.

2. Das Segel leicht mit der Schothand dichtholen, Segeldruck konstant halten.

3. Das Brett luvt an, und Sie beginnen mit der entgegengesetzten Drehung mit den Füßen dicht am Gelenk. Rücken immer zum Wind.

4. Entweder mit der Masthand die Startschot oder den Mast (Masttechnik) greifen. Die Schothand greift 30 cm weiter zurück am Gabelbaum und hält das Segel back;

5. bis das Segel wieder 90° zum Brett auf dem neuen Kurs 90° zum Wind steht; Fahrtziel anpeilen, Grundstellung einnehmen. Anfahren.

Die Halse

Die Halse ist die eigentliche Spezialität des Segelsurfens, denn kein Segelgerät macht das Manöver so elegant. In der Beherrschung der Halse liegt die Meisterschaft im Segelsurfen. Trotzdem ist sie im Ablauf einfacher als die Wende; denn es kommt kein Stillstand in das Brett. Im Gegenteil, wir durchfahren dabei den Radius des stärksten scheinbaren Windes und können die Beschleunigungskräfte ausnutzen.

Wir müssen aber beachten, daß die Halse immer vom Wind wegführt, und je weiter der Bogen ist, desto weiter driften wir von unserem Fahrtziel ab. Anfänger üben die Halse immer bei leichtem Wind.
Die Bewegungsfolge ist so:

1. Abfallen von einem Halbwindkurs auf einen raumen Kurs durch Vorneigen des Mastes und Fußdruck mit dem Mastbein.

2. Die Schothand läßt den Gabelbaum los, das Segel flattert aus (killen). Die Schothand greift um. Hinter das Segel zum Gabelbaum. Die Masthand läßt los und kann für einen Augenblick zum Balancieren gebraucht werden.

3. Jetzt zieht die Masthand das Segel über die Brettspitze, und wir gehen in kleinen Schritten um den Mast, Rücken zum Wind.

4. Jetzt auf Vorwindkurs, leicht in die Knie gehen, Balanceschwierigkeiten vorsichtig ausgleichen.

5. Das Segel steht wieder 90° zum Brett. Neues Fahrtziel anpeilen und Grundstellung. Anfahrmanöver.

Die 3 Notbremsmanöver

Besonders beim Üben kann es leicht vorkommen, daß eine Kollision unvermeidbar scheint. Deshalb hier die 3 Möglichkeiten des »Manövers des letzten Augenblicks«:

1. Segel ins Wasser fallen lassen
Das ist die schnellste und einfachste Art der »Notbremse«. Aber – achten sie bitte darauf, daß die Fallreichweite des Mastes ungefähr 4,5 m beträgt, und in diesem Radius sollten sich keine anderen Surfer, Zuschauer, geschweige denn Schwimmer aufhalten.

2. Segel ausflattern lassen
Das empfiehlt sich, wenn Sie lediglich abbremsen wollen, die Kontrolle über das Fahrzeug jedoch voll behalten.

3. Die Stopphalse
Das ist zugleich ein Ausweichmanöver. Sie lassen zunächst das Segel auswehen und greifen sofort um. Durch kräftigen Gegenzug im Segel und unterstützenden Beindruck bremsen und halsen Sie zugleich fast auf der Stelle.

Die Checkliste für Anfänger

Während der ersten 30 Stunden allein auf dem Wasser müssen Sie noch sehr viel üben, bis Sie sich ganz sicher fühlen, und alle Manöver auch bei stärkerem Wind beherrschen. Deshalb überprüfen Sie zu Ihrer Sicherheit diese Liste vor jedem Start:

Stimmt die Kleidung?

Wie entwickelt sich voraussichtlich das Wetter?

Windrichtung?

Ist das Rigg richtig getrimmt?

Stimmt die Segelgröße?

Sind Schwert, Schwanzflosse, Tampen okay?

Ist das Brett nicht rutschig?

Wer ist in der Nähe, wer informiert?

Bei wem kann ich etwas abschauen?

Welches sollen die heutigen Lernschritte sein?

Wo ist mein Fahrziel 90° zum Wind, wohin muß ich von draußen 90° zurückfahren?

Wo ist das Wasser tief, wo flach?

Wo trifft der Wind ungehindert aufs Wasser, wo sind Windabdeckungen?

Wo sind Strömungen, Schiffahrtswege?

Wo sind Unterwasserhindernisse?

Starkwindtechniken

Das kraftsparende Surfen

Wie kommt eine solche Entwicklung in einem Sport wie Windsurfen zustande? Ganz einfach.
Schon seit 1972 hatte ich die Vorstellung, daß Surfer eigentlich genauso schnell gleiten müßten wie Katamarane segeln. 1975 kam ich auf die Idee, den Mastfuß 50–60 cm nach vorn zu setzen. Das macht zwar das Brett für Regatten, wo es auf schnelle Wenden ankam, untauglich, ermöglichte aber eine direkte Kraftübertragung des Segeldrucks auf das Brett.
Mit zwei Curry-Klemmen auf dem Gabelbaum bastelte ich mir eine Trapezvorrichtung mit Auslösung und setzte auf meinen Windglider-Spider vier Fußschlaufen, ähnlich einem Wasserski. Bei Windstärke 5–6 fuhr ich mit meinem Geschoß in 33 Minuten 10 Kilometer von Munkmarsch zur Blidselbucht – ohne mich dabei anstrengen zu müssen.
Zum Welterfolg machten erst die Beach Boys aus Hawaii den neuen Stil. Sie bastelten das funktionelle Hawaiitrapez, die superleichten Gleitbretter mit 15 kg und die Fußschlaufen. Damit war eine neue Ära im Windsurfing eingeleitet, und das kraftsparende Surfen war endgültig geboren. Es wird dem Sport mehr Impulse geben als die eigentliche Erfindung selbst.

Die Technik

Wie im Segelflugzeugbau werden nur extrem leichte, aber gleichzeitig feste Konstruktionen und Materialien benutzt. Das macht ein solches Gerät entsprechend teuer. Mit annähernd DM 3000,– muß man unbedingt rechnen. Sparen kann man nur durch den Selbstbau des Brettes, dann aber einen beachtlichen Tausender. Die umstehende Zeichnung zeigt die wesentlichen Konstruktionsmerkmale des Surfgerätes zum kraftsparenden Surfen.

Das *Brett* muß leicht sein, 12–15 kg sind ideal. Je kleiner die Gleitfläche und das Brett, desto schneller ist es. Nur braucht man dann auch mehr Wind, damit das Brett ins Gleiten kommt.
Als Baumaterialien für das Brett sind Styrodur oder Styrofoam als Kern, verstärkt durch zwei Längsspanten und ummantelt mit drei Lagen Matte und Epoxydharz am beliebtesten.
Die Bauzeit ist weniger als eine Woche. Bei den Finnen, Fußschlaufen und Schwertkästen bieten sich schon mehrere Systeme an.
Das *Rigg* muß ebenfalls leicht sein: der Mast aus Epoxy, der Gabelbaum aus Aluminium, und verkürzt und das Segel im neuen Flügelprofil mit mehr Fläche im Top. Die Mastfuß-

sicherung muß perfekt sein. Der Gabelbaum wird höher angeschlagen, um den Trapezholepunkt der Mastneigung anzupassen.

Das *Schwert* und die *Finnen* sind der extremen Geschwindigkeit angepaßt, in der Gleitfahrt wird auf das Schwert verzichtet und 2–3 Finnen genügen zur Stabilisierung. Das Schwert wird dann in Reserve in einer Tasche im Trapezrucksack mitgeführt.

Der Fahrstil

Bestimmt wird der Fahrstil hauptsächlich durch das Trapez. Jahrelang hieß das Kommando »Mast nach vorn«, wenn man abfallen wollte. Das Kommando würde den Trapezsurfer im Schleudersturz nach vorn reißen. Deshalb lernt der Anfänger schon heute »Mast nach Luv und nach vorn« beim Abfallen, um auch die seitlichen Hebelkräfte auszunutzen. Der Körper kann in der entspannten Rücklage bleiben. Zusätzlich wird auch mit dem Gleitboden des Brettes gesteuert, wie beim Wasserskilaufen.

Beim Abfallen also die Leeseite des Brettes belasten, beim Anluven die Luvseite kippen. Wer mit Fußschlaufen fährt, hat den Vorteil, daß er auch ruckhafte Vortriebskräfte, wie in Böen, in Fahrt übertragen kann, ohne nach vorn gerissen zu werden.

Nach kurzer Eingewöhnzeit, manche Surfer glauben dabei noch einmal von vorn zu beginnen, ist die Entlastung der Bein-, Armund Rückenmuskulatur beträchtlich, und das stundenlange Surfen bei Starkwind ist problemlos für den Körper.

Die Seemannschaft

Für das Gerät, die Ausrüstung sowie die seglerische Vorbereitung werden jedoch Anforderungen gestellt, vor denen sich der Normalsurfer eigentlich sicher wähnte, als er mit dem Sport begann. Jetzt fegt er aber selbst mit Katamarangeschwindigkeit in einer Stunde 20–30 Kilometer weit über die See.

Welches sind die Situationen, mit denen er hier plötzlich als Seemann, das ist er zweifelsohne, konfrontiert wird, und was kann er zu seiner Sicherheit tun?

- *Aufkreuzen gegen Strömung oder Winddrehung:* Schwert in der Trapeztasche mitführen.
- *Unsichtiges Wetter kommt auf, keine Landmarken mehr zu sehen, Seenebel,*

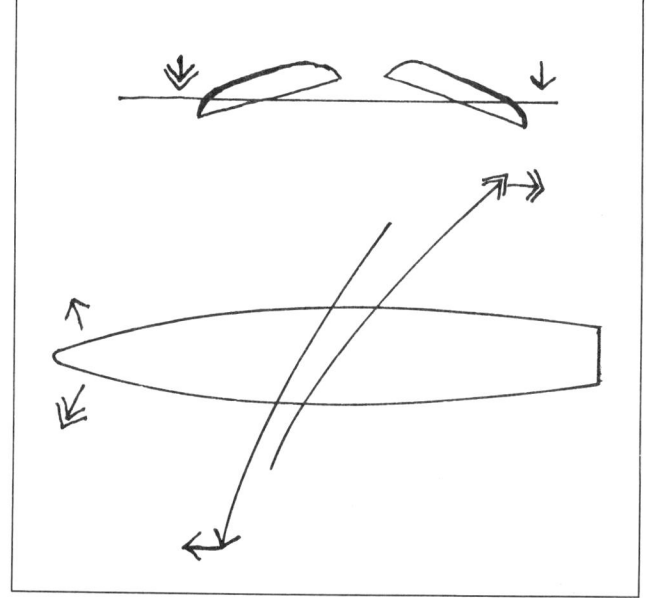

Dunkelheit: Kleinkompaß mit Beleuchtung, Seekarte wasserfest kaschiert in der Trapeztasche.
- *Trapezhaken bricht, Mastfuß bricht, eine Leine reißt:* Reserveteile in der Trapeztasche oder im Staukästchen im Brett mitführen.
- *Brettoberfläche wird rutschig:* Surfwachs mitführen.
- *Not- und Havariesituationen, Entkräftung:* Ohnmachtssichere Schwimmweste, Getränk gegen Flüssigkeitsverlust, Seenotsignalmittel, Schutz der Extremitäten gegen Kälte, Kopfhaube, Handschuhe, Füßlinge, Windschutzanzug faltbar.

Starkwindstürze

So wie das Kentern beim Segeln gibt es beim Surfen zwei Phänomene im Fahrverhalten. Der Anfänger mag zuerst beim Üben die Schuld bei sich selbst suchen, doch sie sind nur technischer Natur und lassen sich abstellen.

Der Kentersturz

Er bedeutet ein Kentern, also Umkippen des Brettes bei hohen Geschwindigkeiten. Der Kentersturz kann auch beim Abreiten von Wellen oder bei Starkwind auftreten. Die Ursache ist ein zu tiefes Schwert, das durch den langen Hebelarm das Brett »umkippt«, wenn das Schwert Auftrieb entwickelt. Deshalb sind Klappschwerter besser, weil sie das Phänomen Kentersturz vermeiden.
Der Anfänger, der davon überrascht wird, läßt sofort das Segel flattern. Durch die Fahrtverminderung verschwindet der Effekt sofort. Danach kann das Schwert zur Vorsicht auch halbhoch gefahren werden.

Der Schleudersturz

Wie der Name sagt, kann es zu unfreiwilligen Luftsprüngen kommen. Gut, daß das Wasser nur feucht ist.
Der Schleudersitz tritt bei sehr böigem Wind ab 4–5 Windstärken auf oder beim Starkwindsurfen überhaupt.
Dann sind Sie so intensiv mit dem Ausbalancieren des augenblicklichen Segeldrucks beschäftigt, daß eine plötzlich einfallende Bö mit etwas raumerem Wind das Segel nach vorn reißt. Meist haben Sie den Gabelbaum so intensiv umklammert, daß Sie nicht mehr reagieren können und nach vorn katapultiert werden.

Üben Sie schon bei leichten Böen:
Schothand fieren!
Noch besser,
ein kleineres Segel aufziehen.

Der Manöverkreis

Dies ist die beste Übung für Anfänger, die bereits den Halbwindkurs beherrschen und auch die flüssige Wende und Halse geübt haben. Bei leichtem Wind können Sie einmal einige Manöverkreise versuchen. Er wird so genannt, weil in einer kreisförmigen Figur alle Kurse und auch die beiden Segelmanöver enthalten sind.

Es sollte Sie niemand im Umkreis von 50 Meter stören, keine Hindernisse im Wasser schwimmen, und der Wind sollte gleichmäßig sein.

Sie beginnen immer mit dem Anfahrmanöver, dann luven Sie an und fahren 25 m auf dem Am-Wind-Kurs. (1)

Sie wenden (2) und fallen nach weiteren 25 m auf dem Am-Wind-Kurs (3) langsam auf Halb-Wind-Kurs ab (4).

Jetzt Segel extrem nach vorn neigen und gleichzeitig mit der Kursänderung Schothand öffnen.

Jetzt sind Sie auf Vor-Wind-Kurs (5) und das Tempo läßt nach. Sie segeln wieder mit dem wahren Wind. Die Füße stehen jetzt beidseits des Schwertkastens und der Gabelbaum waagrecht vor Ihnen. Wenn Sie leicht in die Knie gehen, lassen sich Wellen besser ausbalancieren.

Nach 20 m shiften Sie das Segel von Backbord nach Steuerbord (6) und fahren noch einmal 20 m auf Vor-Wind-Kurs (7).

Um anzuluven, müssen Sie das Segel nach Steuerbord kippen (8) und erst mit der beginnenden Drehung nach Luv kippen Sie den Mast zurück (9), bis Sie auf Halb-Wind-Kurs sind (10).

Jetzt wechselt die Fuß- und Körperstellung nach Luv. Nun brauchen Sie nur noch auf den Am-Wind-Kurs (11) anzuluven.

Sie haben es geschafft. Ein Experte sind Sie, wenn Sie den Manöverkreis auch bei Windstärke 5 beherrschen.

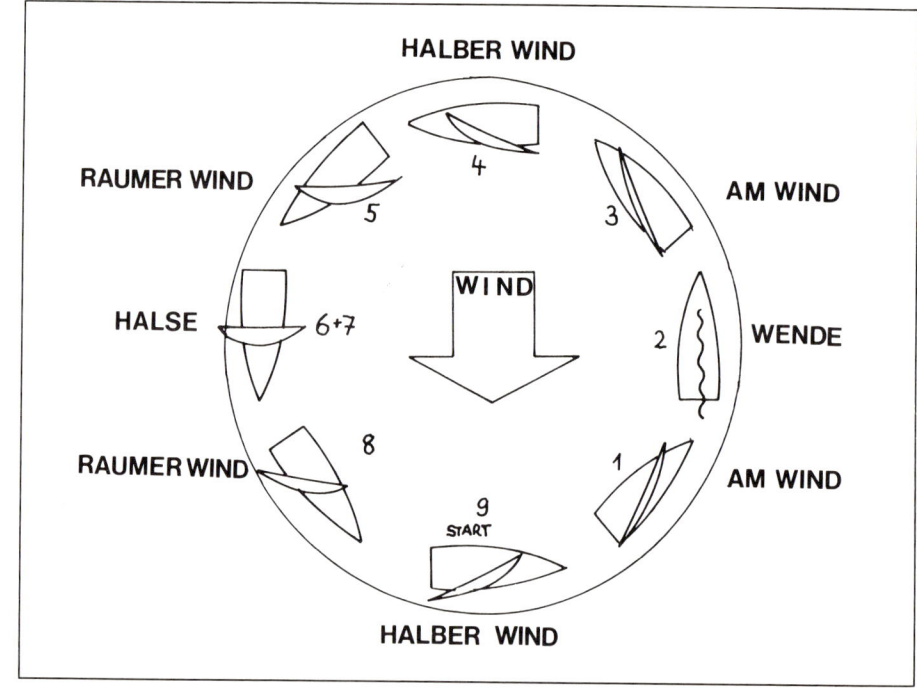

Die Scheine

Der theoretische Segelsurfschein des DSV umfaßt hauptsächlich die Segelbrettkunde, Rechtskunde und Wetterkunde. Es empfiehlt sich, diesen theoretischen Teil mit dem praktischen Segelsurf-Grundschein zusammen zu machen. Oft bietet es sich aber z. B. im Winter an, mit dem theoretischen Teil zu beginnen. Dies ist der Lehrzielkatalog in groben Umrissen:

DSV-Segelsurfschein

Segelbrettkunde
Segelbrettfabrikate und Klassen, Zusatzausrüstung, Trapez, Sturmsegel, Sicherheitsvorrichtungen, DIN 7873.
Yachtkunde, Typenkunde, olympische und internationale Klassen.
Rechtskunde
Vorschriften für die Binnengewässer nach Euronorm;
revierbezogene Vorschriften für Binnengewässer, Informationspflichten, Seestraßenordnung, Bezeichnung des Fahrwassers,
Seeschiffahrtsstraßenordnung, Bezeichnung des Fahrwassers, Behinderungs- und Sperrsignale, Arbeitsfahrzeuge, Fähr- und Anlegestellen;
Vorfahrtsregeln;
Verhalten bei Unfällen, Notsignale, Haftung des Schiffsführers;
Verbandsrecht;
DSV-Führerscheine und Schiffspapiere, Geltungsbereiche,
internationales Verbandszertifikat;
Wettsegelbestimmungen, Wettfahrten.

Wetterkunde
Die Beaufortskala, Starkwind und Sturmsignale, Wetter- und Seewetterberichte.

Der Segelsurf-Grundschein

behandelt die Seemannschaft, also die seemännischen Arbeiten, die Segelbrettkunde, die Segelbrettbeherrschung in Theorie und Praxis und die wichtigsten Rechtskunde- und Wetterkunde-Kenntnisse.
Dies ist die grobe Gliederung des Unterrichts mit den Themen:
1. Stunde: Verhalten am Strand und im Revier, Vorstellung der Geräte, der Segel, der Anzüge, Starkwind- und Notfallhinweise, Stundenplan.
2. Stunde: Theorie des Segelsurfens, Erklärung und Vorführung am Simulator. Die Kursvorwahl, die Handgriffe, Körperstellung, Fußstellung. Das Segelaufholen, Grundstellung, Anfahrmanöver. 3 Dimensionen der Segelführung. Die Wende, die Halse. Notstopp.
3. Stunde: Gruppenübung der Handgriffe am Strand, Üben der Kommandos, Segelaufholen usw. Notsignal. Segel bergen und aufriggen.
4. Stunde: Gruppenübung Wasser. Tragen der Ausrüstung, Lagerung. Kursvorwahl am Strand, Schwerteinstellung, Segelwahl. Aufsteigen. Segel aus dem Wasser ziehen, Flügelpaddeln. Balanceübungen und Paddeln ohne Rigg. Drehübung.
5. Stunde: Einzelunterricht auf dem Wasser mit dem Tandem. Kursvorwahl, Segelwahl, Vorfahren des Surflehrers aller Manöver. Selbständiges Üben unter Aufsicht bis zum Ausreiten des Segeldrucks. Gelegentliche Korrekturen. Beobachtung.
6.–8. Stunde: Gruppenunterricht unter Anleitung per Megaphon auf Halbwindkurs. Üben unter wechselnden Wind- und Außenbedingungen. Abnahme der Brettstabilität bei zunehmender Segelgröße.
9. Stunde: Geschichte des Sports. Auf- und Abtakeln, Bezeichnung der Teile. Wirkung der Teile. Transport am Strand und auf dem Autodach, Notsituationen, Notsegel, Notgelenk, Starkwindverhalten, Abschleppen, Ermüdungszustände.
10. Stunde: Prüfungsvorbereitung. Gesetzeskunde, Vorfahrtsregeln, Übung der Knoten, Wetterkunde und Sturmwarnung, Naturschutz, Halbwindkurs und Manöverkreis. Ausreiten des Segeldrucks.
11.–12. Stunde: Selbständiges Üben unter Beobachtung. Bei leichtem Wind Üben des Manöverkreises, bei mehr Wind Halbwindkurs mit Ausreithaltung. Stilverbesserung und Haltungskorrekturen.
Prüfung in Theorie und Praxis

Fortgeschrittenen Kurse

Je nach Revier haben Surfschulen auch Kurse für Fortgeschrittene. Die Auswahl ist groß, weil der Sport sehr vielfältige Entfaltungsmöglichkeiten bietet. Hier eine Auswahl:

Trapezsurfen, Wellenspringen,
Starkwindsurfen, Langstreckensurfen,
Regattakurse, Tandemsurfen,
Brandungssurfen, Freestyle,
Tuning und Shaping.

Die Prüfung zum Segelsurf-Grundschein

Der Verband Deutscher Segelschulen e.V., Deutscher Wassersport Schulverband e.V. Deutscher Hochseesportverband Hansa und die Vereinigung Österreichischer Yachtsport- und Windsurfingschulen erteilen nach bestandener Prüfung den Segelsurf-Grundschein, der den Inhaber zum Führen eines Surfboards gem. Grundscheinvorschrift dieser Verbände ermächtigt. Gleichzeitig gilt dieser Grundschein als praktische Prüfung für den Segelsurfschein A des DSV.

Verband Deutscher Segelschulen e.V.

Deutscher Wassersport Schulverband e.V.

Deutscher Hochseesportverband Hansa

Vereinigung Österreichischer Yachtsport- und Windsurfingschulen

Prüfungsfragen

Praktische Prüfung

1. Herstellung und Nennung der wichtigsten Knoten und Stege.
2. Auf- und Abriggen des Segelsurfbrettes. Tragen, Autodachtransport.
3. Herstellen eines Notriggs oder Notgelenkes.
4. Der Start, die Fahrt, die Wende, die Halse, Halbwindkurs oder Manöverkreis.
5. Notfälle: Paddeln bei Flaute, Abschleppen, Notstopps.

Theoretische Prüfung

1. Benennen Sie 10 Teile des Riggs eines Segelsurfbrettes nach der Zeichnung auf Seite 10.
   1. Siehe Zeichnung

2. Nennen Sie einige Materialien, aus denen Surfbretter gebaut werden:
   2. 1. GFK
      2. Polyäthylen
      3. PU-Schaum
      4. ASA
      5. ABS

3. Wodurch wird ein Surfbrett unsinkbar?
   3. Durch Ausschäumung mit Polyurethanschaum oder Styroporkern

4. Charakterisieren Sie die Bauform eines Gleitboards:
   4. Gleitboards haben ein flaches Unterwasserschiff

5. Charakterisieren Sie die Bauform eines Verdrängerboards:
   5. Angekieltes Unterwasserschiff zumindest im Bugbereich

6. Wie muß ein Board gebaut sein, das besonders kippstabil ist?
   6. Flaches Unterwasserschiff bei möglichst breitem Board

7. Auf welche Eigenschaft des Surfbretts muß eine schwergewichtige Person bei der Auswahl eines Boards achten?
   7. Auf genügend Auftrieb; großvolumiges Board wählen

8. Wie verändert sich das Fahrverhalten, nachdem Sie vom Allroundsegel auf ein Sturmsegel gewechselt haben?
   8. Board wird leegierig, bei konkav geschnittenem Achterliek liegt Segeldruckpunkt vorlicher als bei Normalsegel

9. Wodurch unterscheidet sich ein Sturmsegel vom Allroundsegel?
   9. Geringere Segelfläche und wenn verkürztes Vorliek: Segeldruckpunkt tiefer als bei Normalsegel, wenn Achterliek konkav: Segeldruckpunkt vorlicher als bei Normalsegel

10. Für den Notfall ist eine Abschleppöse sehr wichtig. In welcher deutschen Vorschrift für die Herstellung von Surfbrettern ist sie festgelegt?
    10. In der DIN

11. Welche zusätzliche Board-Rigg-Verbindung ist nach der DIN notwendig?
    11. Sicherheitsleine Mastfuß – Board

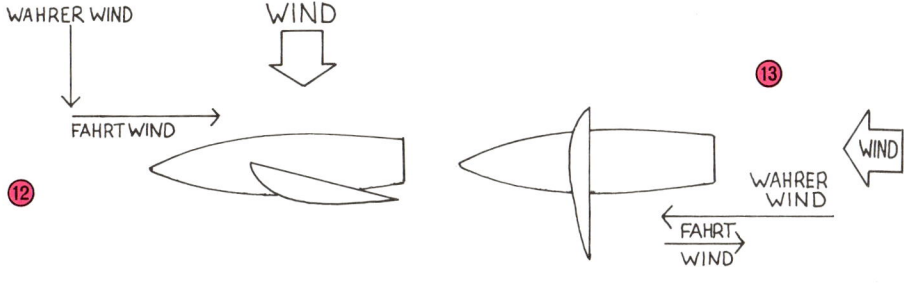

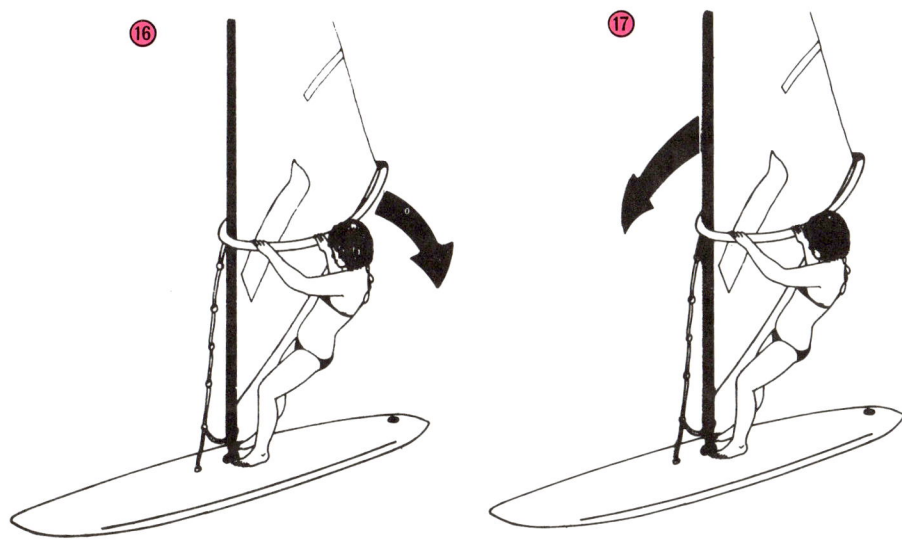

12. Zeichnen Sie in nebenstehende Skizze den scheinbaren Wind in Richtung (Pfeil) und Stärke (Länge des Pfeils) ein:
    12. siehe Zeichnung.

13. Zeichnen Sie in nebenstehende Skizze den scheinbaren Wind in Richtung (Pfeil) und Stärke (Länge des Pfeils) ein:
    13. siehe Zeichnung.

14. Wozu dient das Schwert beim Surfbrett?
    14. Es verhindert die seitliche Abtrift

15. Wozu dient die Finne beim Surfbrett?
    15. Sie gewährleistet die Richtungsstabilität

16. Sie neigen wie in nebenstehender Skizze das Gabelbaumende zum Wasser.
    a) Zeichnen Sie mit einem Pfeil (vom Bug aus) die Richtung ein, die das Surfbrett einschlägt.
    b) Wie nennt man diese Kursänderung?
    16. anluven

17. Sie neigen wie in nebenstehender Skizze den Mast nach vorn.
    a) Zeichnen Sie mit einem Pfeil (vom Bug aus) die Richtung ein, die das Surfbrett einschlägt.
    b) Wie nennt man diese Kursänderung?
    17. abfallen

18. a) Zeichnen Sie in nebenstehende Skizze die richtige Segelstellung ein
    b) Wie heißt der gefahrene Kurs?
    18. Am-Wind-Kurs

19. a) Zeichnen Sie in nebenstehende Skizze die richtige Segelstellung ein.
    b) Wie heißt der gefahrene Kurs?

    19. Vorm-Wind-Kurs

---

20. a) Welches Surfbrett in nebenstehender Skizze hat Vorfahrt?

    20a) B

    b) Wie heißt die Regel, die hier angewendet werden muß?

    20b) Fahrzeug mit Wind von Steuerbord hat Vorfahrt vor Fahrzeug mit Wind von Backbord.

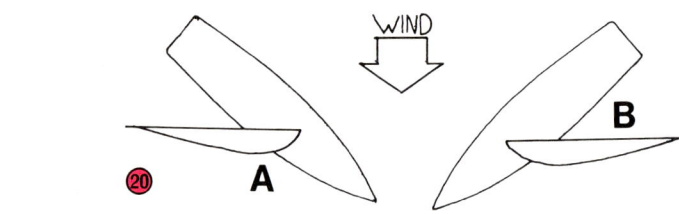

---

21. a) Welches Surfbrett in nebenstehender Skizze hat Vorfahrt?

    21a) B

    b) Wie heißt die Regel, die hier angewendet werden muß?

    21b) Luv weicht Lee

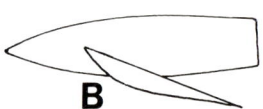

---

22. Sie surfen an der Küste.
    a) In welcher Situation dürfen Sie als Surfer nebenstehendes Zeichen geben?

    22a) Nur wenn Gefahr für Leib und Leben besteht

    b) Warum?

    22b) Weil umfangreiche Hilfsaktionen ausgelöst werden können

---

23. Sie sehen in der Ferne einen Surfer – wie in der nebenstehenden Skizze dargestellt – winken.
    a) Welche Bedeutung hat dieses Zeichen?

    23a) Notsignal (Küste – See)

    b) Wie verhalten Sie sich?

    23b) Sofort helfen oder Hilfe herbeiholen

24. Nennen Sie mindestens vier der wichtigsten Sicherheitsregeln für Segelsurfer:
    24. 1. Revierbesonderheiten erfragen
        2. Immer Kälteschutz tragen
        3. Immer Ersatztampen mitführen
        4. Nicht ohne Wissen Anderer allein surfen
        5. Schwimmweste tragen
        6. Ausrüstung vor dem Start kontrollieren
        7. Board-Rigg-Verbindung herstellen (Sicherheitsleine)
        8. Im Notfall: immer am Board bleiben

25. Sie können bei Flaute nicht mehr zum Ufer zurücksegeln. Wie verhalten Sie sich?
    25. 1. Abriggen
        2. Mit Händen oder Mast paddeln

26. Wo dürfen Sie nicht surfen? Wann dürfen Sie nicht surfen?
    26. 1. Im Fahrwasser der Seeschiffahrtsstraßen
        2. Vor Hafen- und Schleuseneinfahrten
        3. In Naturschutzgebieten
        4. An Badestränden
        5. Surfverbot: bei Nacht und unsichtigem Wetter

27. Erklären Sie den Begriff »Luv«
    27. Die windzugewandte Seite

28. Erklären Sie den Begriff »Lee«
    28. Die windabgewandte Seite

29. Sie wollen Ihr Surfbrett auf dem Autodach transportieren.
    a) Tragen Sie in nebenstehende Skizze ein, wie weit Ihre Ausrüstung ohne zusätzliche Kennzeichnung nach hinten überstehen darf.
    b) Wenn Sie dieses Maß überschreiten, kennzeichnen Sie den Abschluß Ihrer Ausrüstung?
    29. am Tage: rote Fahne
        bei Nacht: rotes Licht

30. Sie wollen Ihr Surfbrett auf dem Autodach transportieren.
    a) Zeichnen Sie die äußerste Grenze Ihrer Ausrüstung nach vorn ein (mit –·–·–).
    b) Welche Seite des Bretts zeigt nach oben?
    30. Wasserseite

31. Wie muß Ihr Surfbrett nach den Bestimmungen der Binnenschiffahrtsstraßenordnung (in Österreich: Seen- und Flußverkehrsordnung) gekennzeichnet sein?
    31. Zulassungsnummer des Wasser- u. Schiffahrtsamtes oder Vereinsregistrierung eines anerkannten Dachverbandes

32. Welche Dokumente müssen Sie beim Surfen auf deutschen Binnenschiffahrtsstraßen mitführen?
    32. Amtliche Zulassung oder Vereinsregistrierung und Personalausweis

33. Warum gelten an verschiedenen Gewässern unterschiedliche Natur- und Umweltschutzbestimmungen?
    33. Unterschiedliche Tier- und Pflanzenwelt erfordern angepaßte Schutzbestimmungen

34. Warum sollte sich der Surfer vor Fahrtantritt über die jeweils gültigen Natur- und Umweltschutzbestimmungen des Gebietes informieren, in dem er seinen Sport ausüben will?

    34. Unterschiedliche Regionen haben (evtl. zu verschiedenen Jahreszeiten) eigene Schutzbestimmungen

35. Wie verhalten Sie sich als Wassersportler, wenn Sie an eine Wasserfläche kommen, die mit dem Schild »Laichschongebiet« gekennzeichnet ist?

    35. Nicht ins Laichschongebiet hineinsurfen, Abstand halten

36. Warum halten Sie bei der Ausübung von Wassersport ausreichenden Abstand von Schilf- und Röhrichtbeständen?

    36. Um die Brutstätten von Vögeln und Laichgebiete der Fische nicht zu zerstören

37. Sie wollen in verschiedenen Revieren surfen. Wie vermeiden Sie, daß Sie plötzlich und unvermittelt ein Sturm überrascht?

    37. Indem ich mich vorher über die örtlichen Starkwind- und Sturmwarnsignale informiere.

38. Zählen Sie die wichtigsten Informationen auf, die Sie einholen, wenn Sie in einem unbekannten Revier surfen wollen?

    38. 1. Wind- und Sturmwarnsignale
        2. Strömungen
        3. Untiefen und Unterwasserhindernisse
        4. Gezeiten
        5. Wassertemperaturen

39. Wie können Sie einen in Not geratenen Surfer am besten mit Ihrem eigenen Brett abschleppen?

    39. Brett an Brett nebeneinander. Rigg zusammenlegen und durch Drauflegen sichern. Am schleppenden Brett festhalten.

40. Nennen Sie die Körperteile über die der Verlust der Körperwärme am größten ist:

    40. 1. Kopf
        2. Füße
        3. Hände

41. Weshalb sollen Sie auch in Revieren, die für ihr warmes Wasser bekannt sind, Kälteschutzkleidung tragen:

    41. Besonders bei starkem Wind wird der Körper durch Spritzwasser naß. Die Verdunstungskälte sorgt auch bei intensiver Sonneneinstrahlung für starke Auskühlung des Körpers.

42. Für Österreich: Welchen Fahrzeugen muß ein Surfboard in Österreich ausweichen?

    42. Allen.

Für jeden etwas...

Praktische Gebrauchsbücher stehen Ihnen, lieber Leser, mit Rat und Information zur Seite, wenn es darum geht, Fragen des täglichen Lebens zu beantworten.
Die hervorragende Sachkenntnis und die verständliche Sprache unserer Fachautoren sind ebenso selbstverständlich wie die sorgfältige Ausstattung unseres großen Buchprogramms.
Damit bietet Ihnen der Falken-Verlag Bücher zum Lesen und Nachschlagen, mit denen Sie Ihr Leben aktiv und erfolgreich gestalten können.

Trockenblumen und Gewürzsträuße
(Best.-Nr. 5084) DM 9,80

Kleingebäck
(Best.-Nr. 5089) DM 9,80

Phantasieblumen
(Best.-Nr. 5091) DM 9,80

Brotspezialitäten
(Best.-Nr. 5088) DM 9,80

Raffinierte Steaks
(Best.-Nr. 5043) DM 9,80

Schmuck und Objekte aus Metall und Email
(Best.-Nr. 5078) DM 16,80

Spanische Küche
(Best.-Nr. 5037) DM 9,80

Zugeschaut und mitgebaut 1 – 4
(Best.-Nr. 5031, 5061, 5077, 5093) je DM 14,80

Kalte Happen und Partysnacks
(Best.-Nr. 5029) DM 9,80

Gemüse und Kräuter
(Best.-Nr. 5024) DM 9,80

Hobby Holzschnitzen
(Best.-Nr. 5101) DM 14,80

Kinder lernen spielend kochen
(Best.-Nr. 5096) DM 9,80

Das neue Hundebuch
(0009) Von W. Busack, überarbeitet von Dr. med. vet. A. Hacker, 104 S., zahlreiche Abb. auf Kunstdrucktafeln, kart., DM 6,80

Mietrecht
Leitfaden für Mieter und Vermieter
(0479) Von Johannes Beuthner, 196 S., kart., DM 12,80

Scheidung und Unterhalt
nach dem neuen Eherecht
(0403) Von Rechtsanwalt H.T. Drewes, 104 S., mit Karten und Unterhaltstab., kart., DM 7,80

Der neue Briefsteller
(0060) Von I. Wolter-Rosendorf, 112 S., kart., DM 5,80

Die erfolgreiche Bewerbung
(0173) Von W. Manekeller, 152 S., kart., DM 8,80

Verse fürs Poesiealbum
(0241) Von Irmgard Wolter, 96 S., 20 Abb., kart., DM 4,80

Knobeleien und Denksport
(2019) Von Klas Rechberger, 142 S., viele Zeichnungen, kart., DM 7,80

Heimwerker-Handbuch
Basteln und Bauen mit elektrischen Heimwerkzeugen
(0243) Von Bernd Käsch, 204 S., 229 Fotos und Zeichnungen, kart., DM 9,80

Großes Rätsel-ABC
(0246) Von H. Schiefelbein, 416 S., gbd. DM 16,80

Stricken, häkeln, loopen
(0205) Von Dr. Marianne Stradal, 96 S., 100 Abb., kart., DM 5,80

Tennis
Technik – Taktik – Regeln
(0375) Von Harald Elschenbroich, 112 S., 81 Abb., kart., DM 6,80

Wie soll es heißen?
(0211) Von Dr. Köhr, 88 S., kart., DM 5,80

Beliebte und neue
Kegelspiele
(0271) Von Georg Bocsai, 92 S., 62 Abb., kart., DM 4,80

Vorbereitung auf die Geburt
Schwangerschaftsgymnastik, Atmung, Rückbildungsgymnastik
(0251) Von Sabine Buchholz, 112 S., 98 Fotos, kart., DM 6,80

Spaß am Laufen
Jogging für die Gesundheit
(0470) Von Werner Sonntag, 120 S., 36 Abb., kart., DM 6,80

Glückwünsche, Toasts und Festreden zur Hochzeit
(0264) Von Irmgard Wolter, 88 S., kart., DM 4,80

Spielend Schach lernen
(2002) Von Theo Schuster, 128 S., kart., DM 6,80

Spiele für Kleinkinder
(2011) Von Dieter Kellermann, 80 S., kart., DM 5,80

Selbst tapezieren und streichen
(0289) Von Dieter Heitmann und Jürgen Geithmann, 116 S., 67 Abb., kart., DM 6,80

Von der Verlobung zur Goldenen Hochzeit
Vorbereitung – Festgestaltung – Glückwünsche
(0393) Von Elisabeth Ruge, 120 S., kart., DM 6,80

Bruce Lees Kampfstil 2
Selbstverteidigungs-Techniken
(0486) Von Bruce Lee, M. Uyehara, 128 S., 310 Fotos, kart., DM 9,80

Pilze
erkennen und benennen
(0380) Von J. Raithelhuber, 136 S., 106 Farbfotos, kart., DM 9,80

Falken-Handbuch Pilze
Mit über 250 Farbfotos und Rezepten
(4061) Von Martin Knoop, 276 S., 250 Farbfotos, 28 Zeichnungen, gbd. DM 36,–

Ziervögel
in Haus und Voliere
Arten · Verhalten · Pflege
(0377) Von Horst Bielfeld, 144 S.,
32 Farbfotos, kart., DM 9,80

Beeren und Waldfrüchte
erkennen und benennen –
eßbar oder giftig?
(0401) Von J. Raithelhuber, 136 S.,
90 Farbfotos, 40 s/w, kart., DM 16,80

Arzneikräuter und Wildgemüse
erkennen und benennen
(0459) Von J. Raithelhuber, 140 S.,
108 Farbfotos, kart., DM 12,80

Tee für Genießer
(0356) Von Marianne Nicolin, 64 S.,
4 Farbtafeln, kart., DM 5,80

Fred Metzlers
Witze mit Pfiff
(0368) 120 S., Taschenbuchformat,
kart., DM 5,80

Selbst Brotbacken
mit über 50 erprobten Rezepten
(0370) Von Jens Schiermann, 80 S.,
mit 6 Zeichnungen und 4 Farbtafeln,
kart., DM 6,80

Kalorien · Joule
Eiweiß · Fett · Kohlenhydrate
tabellarisch nach gebräuchlichen
Mengen
(0374) Von Marianne Bormio, 88 S.,
kart., DM 4,80

Zimmerpflanzen
(5010) Von Inge Manz, 64 S.,
98 Farbabb., Pbd. DM 9,80

Die 12 Sternzeichen
Charakter, Liebe und Schicksal
(0385) Von Georg Haddenbach,
160 S., gbd., DM 9,80

**Möbel aufarbeiten, reparieren
und pflegen**
(0386) Von E. Schnaus-Lorey,
96 S., 104 Fotos und Zeichnungen,
kart., DM 6,80

Selbst Wahrsagen mit Karten
Die Zukunft in Liebe, Beruf und
Finanzen
(0404) Von Rhena Koch, 112 S.,
viele Abb., Pbd., DM 9,80

Einkochen
nach allen Regeln der Kunst
(0405) Von Birgit Müller, 96 S.,
8 Farbtafeln, kart., DM 6,80

Die besten
Tierwitze
(0496) Herausgegeben von
Peter Hartlaub und Silvia Pappe,
112 S., 25 Zeichnungen, kart., DM 5,80

Tauchen
Grundlagen – Training – Praxis
(0267) Von W. Freihen, 144 S.,
71 Fotos und Farbtafeln, kart., DM 9,80

Moderne Schmalfilmpraxis
Ausrüstungen · Drehbuch · Aufnahme
Schnitt · Vertonung
(4043) Von Uwe Ney, 328 S., mit über
200 Abb., teils vierfarbig,
gbd., DM 29,80

Windsurfing
Handbuch für Grundstein und Praxis
(5028) Von Calle Schmidt, 64 S.,
über 50 Abb., durchgehend vierfarbig,
Pbd., DM 9,80

Reiten
Vom ersten Schritt zum Reiterglück
(5033) Von Herta F. Kraupa-Tuskany,
64 S., mit vielen Zeichnungen und
Farbabb., Pbd., DM 9,80

Die Selbermachers
renovieren ihre Wohnung
(5013) Von Wilfried Köhnemann,
148 S., 374 Farbabb., Zeichnungen
und Fotos, kart., DM 14,80

Bauernmalerei
leicht gemacht
(5039) Von Senta Ramos, 64 S.,
78 vierfarbige Abb., Pbd., DM 9,80

Großes Getränkebuch
Wein · Sekt · Bier und Spirituosen
aus aller Welt, pur und gemixt
(4039) Von Claus Arius, 288 S.,
mit Register, 179 teils großformatige
Farbfotos, Schuber, gbd., DM 58,–

Die besten
Ostfriesenwitze
(0495) Herausgegeben von
Onno Freese, 112 S., 17 Zeichnungen,
kart., DM 5,80

Moderne Fotopraxis
Bildgestaltung · Aufnahmepraxis ·
Kameratechnik · Fotolexikon
(4030) Von Wolfgang Freihen, 304 S.,
mit 244 Abb., davon 50 vierfarbig,
Balacron mit vierfarbigem Schutz-
umschlag, abwaschbare Polyein-
prägung, DM 29,80

Falken-Handbuch spielen
drinnen und draußen, für jung und alt
(4034) Von Heinz Görz, 430 S.,
mit 370 farbigen Zeichnungen,
gbd., DM 36,–

CB-Code
Wörterbuch und Technik
(0435) Von Richard Kerler, 120 S.,
mit technischen Abb., kart., DM 7,80

Münzen
Ein Brevier für Sammler
(0353) Von Erhard Dehnke, 128 S.,
30 Abb. – teils farbig –, kart., DM 9,80

Naive Malerei
leicht gemacht
(5083) Von Felizitas Krettek,
64 S., 76 Farbfotos, Pbd., DM 9,80

Balkons in Blütenpracht
zu allen Jahreszeiten
(5047) Von Nikolaus Uhl, 64 S.,
82 vierfarbige Abb., Pbd., DM 9,80

Die Frau als Hausärztin
(4072) Von Dr. med. Anna Fischer-
Dückelmann, 808 S., 16 Farbtafeln,
174 Fotos, 238 Zeichnungen, DM 58,–

Katzen
Rassen · Haltung · Pflege
(4216) Von Brigitte Eilert-Overbeck,
96 S., 82 großformatige Fotos,
Pbd., DM 19,80

Faszinierende Formen und Farben
Kakteen
(4211) Von Katharina und Franz Schild,
96 S., 127 großformatige Farbfotos,
Pbd., DM 19,80

Grillen
drinnen und draußen
(4047) Von Claus Arius, 152 S.,
30 Farbtafeln in flexiblen Karton,
gbd., DM 12,80

Moderne Korrespondenz
(4014) Von H. Kirst und W. Manekeller,
570 S., gbd., DM 39,–

Die hier vorgestellten Bücher sind nur eine Auswahl aus unserem großen Ratgeber- und Sachbuchprogramm. Bitte fordern Sie unser kostenloses Gesamtverzeichnis an.

Falken-Verlag GmbH · Postfach 1120
D-6272 Niedernhausen/Ts.

Kalte Platten
(4064) Von Maître Pierre Pfister,
240 S., 135 großformatige Fotos,
gbd., DM 48,–

Judo
Grundlagen-Methodik
(0305) Von Mahito Ohgo, 204 S.,
mit 1025 Fotos, kart., DM 14,80

Sportfischen
Fische – Geräte – Technik
(0324) Von Helmut Oppel, 144 S.,
mit 49 Fotos, Abb., und 8 Farbtafeln,
kart., DM 9,80

Das Aquarium
Einrichtung, Pflege und Fische für
Süß- und Meerwasser
(4029) Von Hans J. Mayland, 334 S.,
mit über 415 Farbabb. und Farbtafeln
sowie 150 Zeichnungen und Skizzen,
gbd., DM 36,–

Hunde-Ausbildung
Verhalten – Gehorsam – Abrichtung
(0346) Von Prof. Dr. R. Menzel,
96 S., 18 Fotos, kart., DM 7,80

Astrologie
Charakterkunde – Schicksal, Liebe
und Beruf – Berechnung und
Deutung von Horoskopen-
Aszendenttabelle
(4068) Von B. A. Mertz, mit einem
Geleitwort von Hildegard Knef, 342 S.,
mit erläuternden Grafiken,
gbd., DM 29,80

Das farbige Kinderlexikon
von A–Z
(4059) Herausgegeben von
Felicitas Buttig, 392 S., 386 farbige
Abb., Pbd., DM 29,80